ASPECTS DU RÉCIT FANTASTIQUE RIOPLATENSE

(Silvina Ocampo, Julio Cortázar)

© L'Harmattan, 1997
ISBN : 2-7384-5014-8

ASPECTS DU RÉCIT FANTASTIQUE RIOPLATENSE

(Silvina Ocampo, Julio Cortázar)

Textes réunis et présentés par Milagros EZQUERRO

Textes de

Mario Goloboff, Noemí Ulla, Blas Matamoro, Susana Martinez Robbio, Cristina Andrea Featherston, Mónica Zapata, Michèle Ramond, Milagros Esquerro, Annick Mangin, Raúl Silva Záceres, Catherine Bretillon.

L'Harmattan
5-7, rue de l'École Polytechnique
75005 Paris - FRANCE

L'Harmattan Inc.
55, rue Saint-Jacques
Montréal (Qc) - CANADA H2Y 1K9

Los estudios recogidos en el presente volumen son otros tantos asedios a la literatura fantástica rioplatense, y, más precisamente a La Furia y otros cuentos de Silvina Ocampo, y Alguien que anda por ahí de Julio Cortázar. Evidentemente estas obras poco se parecen a la clásica literatura fantástica decimonónica (Edgar A. Poe, Guy de Maupassant, E. T. A. Hoffmann), y hemos de reconocer que este territorio literario, como otros, ha sufrido una evolución considerable. ¿ Se ha de considerar, por lo tanto, que ya no hay literatura fantástica en el siglo XX, como lo afirma Tzvetan Todorov ? Esto supone que se califique como tal sólo a un tipo de relatos de temática bien circunscrita, escritos en una época bien definida y que vendrían a constituir un corpus cerrado.

La postulación global de estos estudios es mucho más abierta. Lo fantástico en la literatura (se ha descartado generalmente la noción de "género" fantástico por demasiado imprecisa e inadecuada) aparece como un territorio plenamente legitimado por una producción considerable y de alta calidad estética, pero de contornos movedizos histórica, temática y culturalmente. Los relatos que aquí se analizan ofrecen una manera muy peculiar de aprehender el mundo y sus moradores, una exploración a menudo despiadada o desesperada de las zonas más secretas de los personajes. El relato fantástico supone una proyección muy particular del escritor en su texto, una alta tensión de la escritura, como si algo importantísimo, vital o mortal, se jugase en ella. A su vez el lector se ve obligado a corresponder a la fuerte carga emocional del texto, implicándose de otro modo en el juego de la escritura.

La escritura tiende solapadamente sus trampas delicadas, sus espejismos mortales. El texto tiende su azogue donde el lector, enajenado y atónito, contempla su otro, su calavera o su nada.

Milagros Ezquerro

NOTAS SOBRE LITERATURA
FANTÁSTICA RIOPLATENSE

Frente al tema que nos ocupa, surgen dos inquietudes iniciales: la de definir con cierta precisión la literatura fantástica, y la de sondear algunos antecedentes y algunas de las características que podrían marcar cierta especificidad del "género" en el Río de la Plata.

1. El camino más corto para llegar a la definición de la literatura fantástica ha sido siempre el de contraponerla a la literatura realista. Hay, pues, que aclarar, qué son una y otra y, si ello fuera posible, qué es la literatura de ficción.

2. La idea de una narración realista nace casi junto con la novela moderna. Ésta aparece definida, a partir de sus más acabados modelos, como «un relato extenso, que aborda la historia de personajes de ficción, y lo hace de un modo exclusivamente realista» (en el marco de un contexto histórico, económico, social, político, diferenciable, identificable). Tal sería una definición clásica, y basada en las obras que construyeron y cimentaron el "género": *La princesa de Clèves* (1678), *Robinson Crusoe* (1719) y *Moll Flanders* (1722), *Manon Lescot* (1731), *La vida de Marianne* (1731-41) y *El campesino enloquecido* (1735), *Pamela o la virtud recompensada* (1740) y *Clarisa* (1747), *Tom Jones* (1749), *Cándido* (1759), *Jacques le fataliste* (1773), *Las amistades peligrosas* (1782), *Pablo y Virginia* (1787) - teniendo, claro está, el previo cuidado de exceptuar, entre otros, *Don Quijote* (1605 y 1615), *Los viajes de Gulliver* (1726), *Tristam Shandy* (1759-68), *Moby Dick* (1851)...

3. Empleado por primera vez en 1835 como designación estética para aludir a «la verdad humana» de Rembrandt, en oposición a la idealidad poética de la pintura neo-clásica, y consagrado más tarde como específicamente literario por *Réalisme*, periódico editado por Duranty en 1856, el término conoció una larga y vasta fortuna. Empezó por ser considerado como el "carácter determinante" que distingue las obras de los novelistas de principios del XVIII, y terminó por ser consagrado (y decretado) como "el estilo" único de los creadores de los países socialistas y, aún, de aquéllos que, viviendo bajo el capitalismo, querían favorecer, con la literatura y el arte, los cambios sociales.

4. El realismo (la novela) habría tratado de pintar todas las variedades de la experiencia humana, caracterizándose no tanto por el género de vida que representaba sino por la manera de hacerlo. Sus principales atributos habrían sido, entre otros : la originalidad temática, el ahorro de intermediaciones retóricas y formales, la individualización de las situaciones (personas particulares, con nombres propios, en sitios y tiempos ubicables y distinguibles), individualización que, en muchos casos, tiende a crear casos o tipos representativos de sectores o capas de la sociedad.

5. Algunos intentos por sacar al realismo de esa armadura (sin salirse de ella), tendieron a sostener que la novela pintaba «la imagen del mundo», pero no del mundo tal como se presenta, sino como es deseado o temido (Hermann Broch). O que la representación, sin impedir el reconocimiento del objeto, tendría, al mismo tiempo, que hacerlo aparecer distante, ajeno, racionalmente criticable, mediante el «efecto de extrañación» (Bertolt Brecht). Frente a la llamada «estética marxista» y a los dictados de Georg Lukacs (tendientes, aproximadamente, a hacer comprender que las grandes novelas - realistas - «cubren toda la vida en su totalidad polifacética y estructurada, en su movimiento y desarrollo, y la representan a través de tipos humanos como síntesis de lo general y de lo individual»), se alzaron la negativa a «un estilo único», siempre y cuando la obra estuviera anclada en «lo popular» (Gramsci) ; un ecléctico «realismo sin fronteras» (Roger Garaudy) ; la idea de la obra de arte como creación o como anticipación de lo real (Karel Kosik). Ni los más osados teóricos de la época se animaron a invalidar completamente al realismo, o a aceptarlo sólo como supuesta "representación de la realidad".

6. Una reflexión aparte merecerían las teorías latinoamericanas (y norteamericanas y europeas sobre latinoamericanos) respecto de los llamados "realismo mágico", "real maravilloso", y otras invenciones ideológicas, adecuadas, más que a un ejercicio de la literatura, al capítulo de la "crítica fantástica".

7. Quizás una de las confusiones mayores provenga del hecho de haber considerado siempre al realismo como una "imitación" o, a lo sumo, como una «representación de lo real» (Auerbach), mientras que él es, también, como otras creaciones, simulación de la realidad. Fabricación de la ilusión de la realidad, construcción del referente, un "efecto" más. Barthes demuestra cómo en Flaubert (lo que hace presagiar numerosos ejemplos anteriores) hay una «sujeción, no al modelo, sino a la reglas de la representación».

8. Un efecto, pues, o un discurso más (Todorov). Un discurso que oculta su carácter de tal ; que disimula, bajo el prejuicio de la transparencia, sus reglas de composición[1].

9. En tal sentido, hablar de literatura fantástica, supondría la aceptación de un equívoco. ¿ Qué literatura no lo es ? (si "fantástico" quiere querer decir "lo que es creado por la imaginación, lo que no existe en la realidad").

10. Pese a que admitir la mención de "género" y la calificación de éste como "fantástico" supone más de una concesión a criterios un tanto perimidos (el "género" implicaría una clasificación más pertinente para las ciencias naturales que para las estéticas y literarias ; la calificación de "fantástico" tendría sentido si se demostrara cabalmente que el

---

1. Para toda esta primera parte, pueden consultarse :
Erich Auerbach, *Mimesis*, México, Fondo de Cultura Económica, 1950.
AA. VV., *Littérature et réalité*, París, Seuil, 1982. Especialmente, la «Introduction» de Todorov, el trabajo de Barthes «L'effet de réel», y el de Ian Watt, «Réalisme et forme romanesque».
Bertolt Brecht, *Breviario de estética teatral*, Buenos Aires, La rosa blindada, 1963.
Hermann Broch, «La vision du monde donnée par le roman», in *Création littéraire et connaissance*, París, Gallimard, Col. Tel, 1985, p. 215-244.
Raymond Jean, *La littérature et le Réel*, París, Albin Michel, 1965.
Georg Lukacs, *Teoría de la novela*, Barcelona, Edhasa, 1971.
Karel Kosik, «El arte y el equivalente social», in *Dialéctica de lo concreto*, México, Ed. Grijalbo, 1967, p. 142-152.

realismo y hasta el naturalismo más trivial no operan con la "fantasía"...), no parece una mala aproximación tomar las palabras en sentido literal (o ingenuo), y tratar de desentrañar qué significan ellas para los autores rioplatenses contemporáneos.

11. La definición del género no nos ofrece una gran ayuda, ya que no es de ninguna manera pacífica entre todos los autores que se han ocupado del tema. Hasta tal punto existe divergencia, que en el número de *Magazine littéraire*, dedicado especialmente al mismo, se la evita escrupulosamente, llegándose a afirmar desde las primeras líneas del primer trabajo que «Le paradoxe tient en ceci : si l'on ignore décidément ce qu'est le fantastique, et si les efforts que certains tentent pour le définir échouent, du moins voit-on assez clairement ce qu'il n'est pas, et qu'il est difficile, sinon impossible, de le confondre avec la féerie, la fantaisie et les formes diverses de l'allégorie»[2].

12. Más aún, Tzvetán Todorov, cuya *Introduction à la littérature fantastique*[3] ha hecho escuela desde su publicación, confronta las diversas definiciones que se han ido ensayando a lo largo del tiempo y, apoyado en su tesis según la cual lo fantástico está fundamentalmente basado en las dudas del lector sobre la naturaleza de los fenómenos extraños (cf. p. 165), acaba por negarle toda vigencia actual al género.

El siglo XX, para Todorov, habría borrado de tal modo las fronteras entre lo maravilloso, lo extraño y lo real como para hacer que esa hesitación no sea ya posible. Lo sobrenatural se habría vuelto natural, sería natural. El terreno que quedaría para una cuentística como la de Cortazar (y algunas otras) se circunscribiría pues, según Todorov, ya no al del "género fantástico" sino al de lo maravilloso o, en algunos casos, al de lo extraño. Todo ello, si nos guiamos por sus afirmaciones, entre las que se suman, a algunas de las comentadas, reflexiones novedosas como la que afirma que «la psychanalyse a remplacé (et par là-même a rendu inutile) la littérature fantastique» (p. 168-9).

---

2. Hubert Juin, «Les chemins du fantastique français», *Magazine littéraire*, n° 66, París, julio-agosto 1972, p. 9.
3. Tzvetán Todorov, *Introduction à la littérature fantastique*, París, Seuil, 1970.

13. En el campo de la teoría no corren mejor suerte definiciones como la de P. G. Castex[4], cuando, en la página 8 de su libro, afirma que el fantástico es «une intrusion brutale du mystère dans le cadre de la vie réelle» (definición que no parece desacertada, pero a la que sin duda escaparían ciertos cuentos de Henry James, de Kafka, de Borges, de Cortázar), o la de Roger Caillois[5], cuando sostiene que «Tout le fantastique est rupture de l'ordre reconnu, irruption de l'inadmissible au sein de l'inaltérable légalité quotidienne», definición que, como puede apreciarse, insiste en los aspectos bruscos, inesperados e «inadmisibles» del género.

14. Si tratáramos de hallar, en el espacio y en el tiempo rioplatenses, antecedentes más próximos a la actividad literaria contemporánea, nos encontraríamos sin duda con la presencia insoslayable de un volumen que, publicado por vez primera en 1940, sigue siendo fundamental para la visión de nuestro tema : es la *Antología de la literatura fantástica*, preparada por Jorge Luis Borges, Silvina Ocampo y Adolfo Bioy Casares[6].

En el «Prólogo» de dicha *Antología...*, Adolfo Bioy Casares, si bien tuvo el cuidado de evitar las definiciones, describió algunos de sus caracteres, tales como el ambiente o atmósfera especial, y la sorpresa. Enumeraba allí Bioy algunos «argumentos fantásticos», dentro de los que incluía : aquéllos en que aparecen fantasmas, viajes por el tiempo, el tema de los tres deseos, argumentos con acción que continúa en el Infierno, argumentos con personajes soñados, argumentos con metamorfosis, acciones paralelas que obran por analogía, tema de la inmortalidad, vampiros y castillos, cuentos y novelas de Kafka (en un capítulo, como se ve, aparte, lo cual demuestra, además de las dificultades para encasillar a este autor, las que surgen si se quiere imponer definiciones generales), y, por último, las «fantasías metafísicas», dentro de las cuales Bioy incluía uno de los relatos seleccionados, el de Jorge Luis Borges, titulado «Tlön, Uqbar, Orbis Tertius».

---

4. P. G. Castex, *Le conte fantastique en France*, París, José Corti, 1951.
5. Roger Caillois, *Au cœur du fantastique*, París, Gallimard, 1965. La cita corresponde a la p. 61.
6. Jorge Luis Borges, Silvina Ocampo y Adolfo Bioy Casares, *Antología de la literatura fantástica*, Buenos Aires, Editorial Sudamericana, Col. Laberinto, 1940.

15. Deberíamos remontarnos algo más en el tiempo, y ampliar un tanto el espectro, para pensar en lo que constituyó un verdadero grupo cultural : aquél que, hacia principios de los 30', se aglutinó en torno a la revista *Sur*. Ésta, fundada por Victoria Ocampo, ejerció sin duda una suerte de magisterio cultural sobre los escritores de entonces que la aceptaban. Hay, por otro lado, una red de relaciones que, como se ve, pueden establecerse : parentescos, afinidades, simpatías. Probablemente, también, tensiones, celos, autoritarismos, injusticias : la reseña que escribe Victoria Ocampo sobre el primer libro de su hermana, *Viaje olvidado* (seguramente sin advertir el secreto homenaje insconsciente que Silvina le hacía, iniciando el cuento y el libro V. O., y nombrando Germaine a uno de los personajes importantes de ese relato...) es bastante tirana y antipática, lo que no habla muy positivamente de tales relaciones, y abre interesantes caminos para la interpretación de algunos textos de "la hermana menor".

Dentro de esa compleja red de relaciones, cabe destacar la de los tres autores mencionados : Bioy, esposo de Silvina, se convertirá en su primer lector y consejero ; Borges, en el más respetado de todos ; Silvina será la díscola, la soñadora, la ausente... Borges incluirá a Bioy en sus cuentos ; uno de ellos, por ejemplo, el mencionado «Tlön, Uqbar, Orbis Tertius», comienza con los dos escritores como protagonistas, situados en «una quinta de la calle Gaona, en Ramos Mejía», polemizando «sobre la ejecución de una novela en primera persona» cuyas características bien pueden ser las de *La invención de Morel* publicada poco antes por el propio Bioy. Por otra parte, Borges prologó dicha novela...

En tal marco ¿ cómo considerar la dedicatoria del cuento «Pierre Menard autor del Quijote» : «A Silvina Ocampo» ? Nada menos inocente que una dedicatoria borgeana... «Pierre Menard...» es uno de los cuentos más importantes de Borges, aquél que prácticamente inicia su ficción fantástica, un relato fundante (al decir de Michel Lafon, en su admirable libro *Borges ou la réécriture*[7]), relato que, para más, trata de un texto «verbalmente idéntico» al modelo, pero «el segundo es casi infinitamente más rico». ¿ Puede leerse algo similar, sibilinamente similar, en la dedicatoria ? Ignoro los sentimientos profundos de Borges para con Victoria, pero, de todas formas, el territorio que *Sur* dejó a la ficción no fue

---

7. Michel Lafon, *Borges ou la réécriture*, París, Seuil, 1990.

demasiado grande ni bien acondicionado, y hasta Borges ocupó un lugar marginal en el proyecto[8].

16. El propio Borges, una y otra vez, directa o indirectamente, ha abordado el tema de la literatura fantástica, y ha dejado muchas reflexiones en sus trabajos ensayísticos y en los numerosos prólogos que escribió para otros autores de relatos fantásticos. Así, por ejemplo, escribiendo sobre el mismo Bioy Casares, en el comentado «Prólogo» a *La invención de Morel*, afirmaba que este autor «despliega una Odisea de prodigios que no parecen admitir otra clave que la alucinación o que el símbolo, y plenamente los descifra mediante un solo postulado fantástico pero no sobrenatural»[9].

Pero es en otro comentario, a un libro de Henry James, donde, a mi parecer, Borges comienza a esbozar una concepción personal más moderna del género, al afirmar que Kafka, Melville o Bloy proponen en sus páginas un universo casi profesionalmente irreal y que, en cambio, James «antes de manifestar lo que es, un habitante resignado o irónico del Infierno, corre el albur de parecer un mero novelista mundano, más incoloro que otros. Iniciada la lectura, nos molestan algunas ambigüedades, algún rasgo superficial ; al cabo de unas páginas comprendemos que esas deliberadas negligencias enriquecen el libro»[10].

Por la misma época, y comentando el *Bartleby* de Melville, escribía Borges que ese libro «define ya un género que hacia 1919 reinventaría y profundizaría Franz Kafka : el de las fantasías de la conducta y del sentimiento...»[11]. También, al hablar sobre Hawthorne, tendió Borges a mitigar la

---

8. Cf. Beatriz Sarlo, «Borges en *Sur* : un episodio del formalismo criollo», *Punto de Vista*, n° 16, Buenos Aires, noviembre de 1982, p. 3-6. Pueden verse asimismo : «Dossier : la revista *Sur*», con artículos de Beatriz Sarlo, María Teresa Gramuglio y Jorge A. Warley, *Punto de Vista*, n° 17, Buenos Aires, abril-julio de 1983, p. 7-14, y María Teresa Gramuglio : «*Sur* en la década del 30 : una revista política», *Punto de Vista*, n° 28, Buenos Aires, noviembre de 1986, p. 32-39.
9. Jorge Luis Borges, «Prólogo», in Adolfo Bioy Casares, *La invención de Morel*, Buenos Aires-Barcelona, Emecé, 5ta. ed., 1969, p. 14.
10. In Henry James, *La humillación de los Northmore*, Buenos Aires, Emecé, Cuadernos de la Quimera, 1945. Transcripto in Jorge Luis Borges, *Prólogos*, Buenos Aires, Torres Agüero Editor, 1975, p. 101.
11. In Herman Melville, *Bartleby*, Buenos Aires, Emecé, Cuadernos de la Quimera, 1944. Traducción y prólogo de Jorge Luis Borges. Transcripto in Jorge Luis Borges, *Prólogos, op. cit.*, p. 117.

«brusquedad» asignada al género, sosteniendo que «su realidad fue, siempre, el tenue mundo crepuscular o lunar de las imaginaciones fantásticas»[12].

17. Para finalizar con esta revisión de las ideas borgeanas acerca del tema, recordaré algunas de sus aseveraciones más importantes, contenidas en un reportaje en el que se explayó sobre el particular. Sostiene allí : «Las literaturas empiezan con la literatura fantástica y no por el realismo ; las cosmogonías acaso pertenecen a la literatura fantástica ; las mitologías, que corresponden al pensamiento primitivo, también. [...] Tendríamos, por ejemplo el tema de la metamorfosis, el tema de la identidad personal o, mejor dicho, de las confusiones y zozobras de la identidad. El tema de los talismanes, de la causalidad mágica, que se opone a la causalidad real, y luego las interferencias del sueño y de la vigilia, la confusión del plano onírico con el plano cotidiano y (esto sería acaso lo más rico) los temas con el tiempo». Cuando se le pregunta «¿ Y cuál de esos temas le parece más importante ?» Borges responde : «El tema de la causalidad. No el de la causalidad real, sino el de la causalidad fantástica ; es decir, cuando a primera vista no se sospecha que haya alguna relación entre la causa y el efecto»[13].

18. Recurrente, Borges no hace más que repetir lo que viene diciendo, por lo menos, desde aquel artículo que publicó en el n° 5 de *Sur*, en 1932, titulado «El arte narrativo y la magia», en el cual afirmaba : «He distinguido dos procesos causales : el natural, que es el resultado incesante de incontrolables e infinitas operaciones ; el mágico, donde profetizan los pormenores, lúcido y limitado. En la novela, pienso que la única posible honradez está con el segundo. Quede el primero para la simulación psicológica».

Tiempo después, al recibir el Gran Premio de Honor de la SADE (Sociedad Argentina de Escritores), lo agradecería en estos términos : «Me alegra que la obra destacada por el primer dictamen de la Sociedad de Escritores sea una obra fantástica. Hay quienes juzgan que la literatura fantástica es un género lateral ; sé que es el más antiguo, sé que bajo cualquier latitud, la cosmogonía y la mitología son anteriores a la novela de

---

12. Jorge Luis Borges, «Nathaniel Hawthorne», *Otras inquisiciones*, in *Obras Completas*, Buenos Aires, Emecé, 1974, p. 684.
13. María Esther Vázquez, *Borges : imágenes, memorias, diálogos*, Caracas, Monte Ávila Ed., 1977, p. 126.

costumbres. Cabe sospechar que la realidad no pertenece a ningún género literario ; juzgar que nuestra vida es una novela es tan aventurado como juzgar que es un colofón o un acróstico. Sueños y símbolos e imágenes atraviesan el día ; un desorden de mundos imaginarios confluye sin cesar en el mundo ; nuestra propia niñez es indescifrable como Persépolis o Uxmal»[14].

Y, con referencia especial a la literatura argentina, estableciendo un distingo algo injusto respecto de otras regiones latinoamericanas, pero afirmando resueltamente una especificidad, aquellas declaraciones en las que decía : «...pensemos que somos acaso la primera nación de América latina que está ensayando, ensayando con felicidad, la literatura fantástica : pensemos que en casi toda la América latina la literatura no es otra cosa que un alegato político, un pasatiempo folklórico o una descripción de las circunstancias económicas de tal o cual clase de población, y que aquí, en Buenos Aires, ya estamos inventando y soñando con plena libertad»[15].

19. Este repaso de algunas de las opiniones de Jorge Luis Borges sobre el llamado género fantástico tiene por objeto buscar caracterizaciones que estén más próximas a sus preocupaciones, a las de autores como Silvina Ocampo, como Julio Cortázar, y que, sin duda, tienen que haberlo estado, no sólo por las semejanzas de orígenes geográficos y culturales de dichos autores o por su proximidad generacional, sino también por algunos rasgos comunes de sus propias prácticas. Muchas de las caracterizaciones borgeanas que hasta aquí hemos reproducido parecen aplicables a los relatos de éstos y otros autores.

20. En todo caso, de acuerdo con las citas transcriptas, si tuviéramos que sintetizar una "teoría borgeana" moderna sobre el particular, podríamos decir que este autor acuerda a la variedad fantástica de la literatura propiedades simbólicas y hasta alucinatorias, aunque entiende que las mismas pueden descifrarse mediante postulados específicos, pero no necesariamente sobrenaturales. En el cuento fantástico puede existir en menor medida lo irreal que ese sentimiento que

---

14. *Sur*, n° 129, Buenos Aires, julio de 1945.
15. In Fernando Sorrentino, *Siete conversaciones con Jorge Luis Borges*, Buenos Aires, Casa Pardo S.A., 1974, p. 120-121.

llamaríamos menos sobrenatural, más humano : el sentimiento de lo vano de las cosas. Por otra parte, la reinvención y la profundización kafkianas habrían consistido en el hecho de centrar este tipo de literatura en las fantasías de la conducta y del sentimiento, desplazando las que provocaría el universo objetivo o exterior.

El acento, pues, estaría colocado sobre aspectos un tanto más interiores del relato mismo : sentimientos y puntos de vista de los escritores que habrían coadyuvado a la modernización del género. Estamos, como puede apreciarse, y esto es lo que queríamos subrayar, bastante alejados de las definiciones estruendosas, aquéllas que acordaban al género fantástico los rasgos más insólitos, más brutales, más inadmisibles.

21. En tal sentido, importantes pensadores de la realidad y del papel de las ideas y de las artes, cuando se han detenido a examinar ocasionalmente la actualidad del género, han coincidido con esas afirmaciones que suponen una humanización mayor del fantástico, una adaptación del género a la vida del presente siglo.

Así por ejemplo, Jean-Paul Sartre lo explicitaba en una descripción de lo que él denominaría el "último estadio" de la literatura fantástica, al advertir que ésta se caracteriza contemporáneamente por una «domesticación» que, «renunciando a la exploración de realidades trascendentes, se resigna a transcribir la condición humana». «Il n'est plus pour lui qu'un seul objet fantastique : l'homme» - agrega Sartre refiriéndose a un libro de Blanchot que en esa oportunidad comenta. Y continúa : «Non pas l'homme des religions et du spiritualisme, engagé jusqu'à mi-corps seulement dans le monde, mais l'homme-donné, l'homme-nature, l'homme société, celui qui salue un corbillard au passage, celui qui se rase à la fenêtre, qui se met à genoux dans les églises, qui marche en mesure derrière un drapeau. Cet être est un microcosme, il est le monde, toute la nature, c'est en lui seul qu'on montrera toute la nature ensorcelée. En lui : non pas dans son corps [...] mais dans sa réalité totale d'*homo faber*, d'*homo sapiens*. Ainsi le fantastique, en s'humanisant, se rapproche de la pureté idéale de son essence, devient ce qu'il était. Il s'est dépouillé, semble-t-il, de tous ses artifices : rien dans les poches [...] pas de succubes, pas de fantômes, pas de fontaines qui pleurent, il n' y a que des hommes, et le créateur du fantastique proclame qu'il s'identifie avec l'objet fantastique. Le fantastique n'est plus, pour l'homme contemporain, qu'une manière entre cent de se renvoyer sa propre image»16.

22. Coincidiendo con este enfoque "humanizador" del fantástico, con su visión más moderna, y subrayando además especialmente el carácter «intertextual» de la literatura de nuestro tiempo, Foucault escribía : «...el siglo XIX ha descubierto un espacio de la imaginación cuyo poder sin duda alguna no había sido intuido por el período precedente. Este nuevo lugar de los fantasmas no es ya la noche, el sueño de la razón, el incierto vacío abierto ante el deseo : es por el contrario la vigilia, la aplicación infatigable, el celo erudito, la atención acechante. Lo fantástico puede nacer de la superficie negra y blanca de los signos impresos, del volumen cerrado y polvoriento que se abre con un revuelo de palabras olvidadas, se despliega cuidadosamente en la biblioteca enmudecida, con sus columnas de libros, sus títulos alineados y sus estantes que la limitan por todas partes, pero que se abren, por el otro lado, sobre mundos imposibles. Lo imaginario se aloja entre el libro y la lámpara»17.

23. Importante, en los escritores rioplatenses contemporáneos, tiene que haber resultado, entonces, la influencia de Borges. Y, junto a él, la de Macedonio Fernández (algún velado homenaje hay, sospecho, de parte de Cortázar, en el Persio de *Los premios* y, sobre todo, en el Morelli de *Rayuela*).

En «Para una teoría del arte», artículo de 1927, ya Macedonio predisponía contra Calderón, Shakespeare, Dante, Quevedo, Goethe... Salvaba, sí, a Cervantes, el único que tenía presente la situación del lector, su realidad frente a la irrealidad del arte. Los otros no contenían más que «pueriles catálogos de asuntos».

Para Macedonio, el arte realista es falaz, verosimilista, extra-artístico. Lo intra-artístico es consciente, se trata de un procedimiento, de una técnica ; intenta operar sobre un lector

---

16. Jean-Paul Sartre, «Aminabad ou du fantastique considéré comme un langage», in *Situations*, I, París, Gallimard, 1947, p. 117-118.
17. Michel Foucault, in «Prólogo» a Gustave Flaubert, *La tentation de Saint Antoine*, París, Gallimard, 1967.

no engañado, salteado, para que «se pierda del ser, se libre de la realidad»18.

Hasta aquí, para Macedonio, el relato es fantástico por establecer su propia coherencia en torno a las rupturas con lo verosímil. La crítica se dirige contra «el asunto», los «sucesos». Luego vendrá, en *Museo de la novela de la Eterna*19, el ataque total : contra el asunto, contra la copia de la realidad, contra los estados alucinatorios que se imponen al lector.

Para ello, propone la participación activa de los personajes en su más límpida función, la de ser personajes, contraídos al «soñar ser», actividad completamente «inasequible a vivientes». Los vivientes son los únicos que pueden, pues, soñar ser, son los personajes. Éste es el único material genuino del Arte.

Macedonio, como ninguno en el Río de la Plata, y como muy pocos en Occidente, señala, precozmente, el camino para alcanzar una soberanía de lo fantástico. Palabra que, para él, (como para Borges, como para Silvina Ocampo) cubre la única literatura posible : «Fantasía constante quise para mis páginas, y ante lo difícil que es evitar la alucinación de realidad, mácula del arte, he creado el único personaje hasta hoy nacido cuya consistente fantasía es garantía de firme irrealidad en esta novela indegradable a real...».

Su larga lista comprende así los personajes prestados, desechados, efectivos, frágiles, inexistentes con presencia, de fin de capítulo, y hasta el personaje «perfecto», o sea aquél que tiene genuina vocación, contento de ser personaje, y que, por eso, recibe el nombre de Simple.

Él no confunde los planos : «Yo quiero que el lector sepa siempre que está leyendo una novela y no viendo un vivir, no presenciando <vida>» (*Museo...*).

24. Otra presencia rioplatense difícil de ignorar tiene que haber representado, por los años cincuenta, la cuentística del uruguayo Felisberto Hernández. Sus extraños relatos debieron de concitar la atención de nuestros autores. Puede recordarse que en 1947 se publica en Buenos Aires su libro de relatos *Nadie encendía las lámparas* (Sudamericana), y que antes han

---

18. Macedonio Fernández, *Obras Completas*, Buenos Aires, Corregidor, 1974, t. III.
19. Macedonio Fernández, *Museo de la novela de la eterna*, París, Col. Archivos, 1993.

aparecido «Las dos historias»[20], «Historia de un cigarrillo»[21], «El balcón»[22], «El acomodador»[23], «Menos Julia»[24], y se han publicado fragmentos de *Tierras de la memoria* en las revistas *Papeles de Buenos Aires*, en agosto de 1944, y *Contrapunto*, en diciembre de 1944.

Es de notar, además, la similitud podríamos pensar "estructural" entre los cuentos de Felisberto y los de Silvina Ocampo, caracterizados en ambos casos justamente por la falta de «estructuras lógicas», no «dominados por una teoría de la conciencia», nacidos como por una «intervención misteriosa», en un «rincón» de sí, como una «planta» (Cf. Felisberto Hernández, «Explicación falsa de mis cuentos»[25]).

25. También es de observar que en el Río de la Plata (y habría que rastrear desde cuándo tal fenómeno ha ido tomando cuerpo), lo fantástico contagia de irrealidad a toda la narrativa. Hasta en los casos supuestamente más realistas, o en sus límites. Valgan solamente los ejemplos de dos autores nunca considerados dentro del "género" : Roberto Arlt y Juan Carlos Onetti. El primero, luego de una novela inicial (*El juguete rabioso*), de ambiente urbano y aprentemente descriptiva y mimética, se sumerge, en *Los siete locos* y en *Los lanzallamas*, en una caótica y colosal fantasía político existencial, de la que lo menos que puede decirse es que abandona toda perspectiva naturalista o realista del relato. El segundo, Onetti, nos da en algunos de sus textos, y muy especialmente en su mayor obra, *El astillero* (y contra lo que han pensado los intérpretes alegóricos y existenciales de esta novela), una versión cerrada, aislada de la realidad, un escenario donde los hombres viven y actúan su "farsa", un núcleo poético completamente independiente, regido por sus propias leyes y por códigos (extremadamente literarios) donde las figuras vienen de otros textos, nacen en otros libros, así como los espacios, la ciudad, la historia.

---

20. *Sur*, n° 103, abril de 1943.
21. *Contrapunto*, n° 4, junio de 1945.
22. *La Nación*, 16 de diciembre de 1945.
23. *Los anales de Buenos Aires* - bajo la dirección de Borges -, n° 6, junio de 1946.
24. *Sur*, n° 143, septiembre de 1946.
25. Felisberto Hernández, «Explicación falsa de mis cuentos», in *Las hortensias*, Montevideo, Arca, 1967, p. 7-8.

26. Más que Silvina Ocampo (quien raras veces opina sobre su obra, teoriza muy poco, y prefiere dar explicaciones "naturales" y poco conscientes de sus textos), Julio Cortázar ha reflexionado y publicado algunos trabajos sobre el particular. Hay por lo menos tres que conviene citar: «Algunos aspectos del cuento»[26]; «Notas sobre lo gótico en el Río de la Plata»[27] y «El estado actual de la narrativa en Hispanoamérica»[28].

El primero comienza por esta declaración: «Casi todos los cuentos que he escrito pertenecen al llamado género fantástico por falta de mejor nombre, y se oponen a ese falso realismo que consiste en creer que todas las cosas pueden describirse y explicarse como lo daba por sentado el optimismo filosófico y científico del siglo XVIII, es decir, dentro de un mundo regido más o menos armoniosamente por un sistema de leyes, de principios, de relaciones de causa a efecto, de psicologías definidas, de geografías bien cartografiadas».

En el segundo artículo, se asigna al género fantástico una acepción muy amplia, la que va de lo sobrenatural a lo misterioso, de lo terrorífico a lo insólito, y Cortázar manifiesta haberlo buscado por caminos distintos de los del gótico.

En el tercer trabajo, reconoce como «rasgo predominante de mi obra» «lo sobrenatural o lo fantástico», género éste al que caracteriza como el más ficcional de todos los géneros literarios, el que, por definición, vuelve la espalda a la realidad. Declara que, personalmente, no encuentra ninguna definición que le satisfaga, y asume el problema como uno de «vocabulario» y «de empleo», sin establecer grandes diferencias entre «fantástico», «maravilloso», «extraño». Admite que hay variación histórica en la elaboración del concepto, y también de una cultura a otra. Para él, la inquietud surge «en un plano que yo clasificaría de ordinario». Hay zonas de la realidad que se prefieren ignorar o relegar. La situación fantástica suele presentarse de manera «intersticial» (entre dos momentos o dos actos racionales). Para Cortázar, lo fantástico borgeano «hace pensar en un despiadado teorema geométrico...». Sus cuentos producen «un secreto terror» de «los propios poderes de la imaginación».

---

26. *Casa de las Américas*, n° 15-16, La Habana, 1962-63.
27. *Caravelle*, n° 25, Toulouse, 1975.
28. In *Obras Completas*, Madrid, Alfaguara, 1995, t. III, p. 89-111.

Me parece, en resumen, que la idea fundamental de Cortázar sobre el género fantástico gira alrededor de la capacidad de estirar los límites de lo real, como para hacer entrar en lo que tradicionalmente llamamos realidad todo aquello que es insólito, inesperado, excepcional, extraordinario. Así se presenta, por lo general, su cuentística: un universo trivial, familiar, concreto, en el que, poco a poco, casi imperceptiblemente, van entrando los signos de la inquietud que terminarán por descomponerlo.

27. Como síntesis, pues, de estas reflexiones, podríamos decir que lo más apropiado, ante la dificultad, la contradictoriedad, la labilidad de las definiciones, parecería ser respetar las muy personales que cada escritor se da para guiar o explicar su propia práctica. Y concluir así, al menos provisoriamente (y aunque parezca un tanto tautológico), que "la literatura fantástica de un escritor es la que él piensa que es la literatura fantástica, y la que él piensa que practica".

28. A esta instancia habría que agregar la del análisis de sus textos, para verificar en qué medida lo que se escribe confirma o contradice lo que se cree, y lo que se cree que se escribe.

29. En todo caso, algo parece ya aclararse en el combate no siempre muy preciso entre "realismo" y "fantástico". Y es que este último tipo de relato no se presenta como ingenua representación de la realidad, no oculta sus mecanismos, su "ficción". Es más abierto, más asumidamente "literario".

30. Representa, quizás, una etapa mayor en la conciencia literaria del porvenir. Invalida, destrona, el prejuicio del referente, y organiza sus propios referentes, el contacto entre ellos, el modo de circular en medio de los mismos. Éstas, y otras características del relato fantástico, lo hacen más permeable al discurso poético, ya que, como en él, la palabra tiene alcances que no se incluyen necesariamente en la realidad.

Mario Goloboff
Université de Reims

LOS CAMINOS DE *LA FURIA*

Tres años antes de la selección en que los tres escritores amigos Silvina Ocampo, Jorge Luis Borges y Adolfo Bioy Casares inauguraran la literatura fantástica en el Río de la Plata con la *Antología de la literatura fantástica*[1], Silvina Ocampo daba a conocer en la editorial *Sur* su primer libro de cuentos *Viaje olvidado* (1937). Primer libro de cuentos y primer libro suyo, están en él la imaginación que se diseminará, con cuidado estilístico y mayor elaboración en sus futuros textos narrativos y poéticos. Precisamente, una de sus frecuentes preocupaciones ha sido borrar las fronteras entre la poesía y la prosa, escribiendo poemas narrativos como si fueran cuentos, o cuentos como si fueran poemas, intentando más de una vez la versificación de un cuento o la narración de un poema. «Autobiografía de Irene», cuento del libro homónimo, fue escrito en prosa y en verso[2], pero este es tema que desarrollaré en otro espacio.

La primer comentarista de *Viaje olvidado*, tan cercana como premonitoria, su hermana Victoria Ocampo, supo advertir las falencias gramaticales y los aciertos de la fantasía del libro cuyo título, curiosamente, lleva sus mismas iniciales[3], como un sibilino

---

1. Buenos Aires, Sudamericana, 1940.
2. Silvina Ocampo, *Espacios métricos*, Buenos Aires, Sur, 1945. Este libro de poemas incluye «Autobiografía de Irene» escrito en verso.
3. «Se tiene la impresión de que los personajes son cosas y las cosas personajes, como en la infancia. Y todo esto está escrito en un lenguaje hablado, lleno de hallazgos que encantan y de desaciertos que molestan, lleno de imágenes felices - que parecen entonces naturales - y lleno de imágenes no logradas - que parecen entonces atacadas de tortícolis. ¿ No serán posibles las unas sino gracias a las otras ? ¿ Es necesaria esa desigualdad ? Corrigiéndose unas, ¿ se corregiría Silvina Ocampo de las otras ? Es ése un riesgo que a mi juicio debe afrontar» (p. 120). «Pero sin esperar más, podemos decir que así como Lucía llevaba en los pliegues blancos de su vestido las amapolas del jardín, las sillitas verdes de fierro, las cuatro palmeras y las siestas estiradas en los cuartos húmedos de la casa vieja, así lleva Silvina en 186 páginas de sus cuentos una atmósfera que le es

madrinazgo literario. Otra coincidencia feliz reúne hacia los mismos años a Silvina Ocampo y a Felisberto Hernández, quien publicó en Buenos Aires *Nadie encendía las lámparas* en 1946. La fecha de elaboración de los cuentos de ambos escritores rioplatenses está tan relacionada como la fantasía que gobierna sus poéticas. La imperfección gramatical observada por Victoria Ocampo, y reconocida más tarde por la misma Silvina Ocampo[4] con ciertas objeciones, coincide con otra semejante observada por José Pedro Díaz respecto de Felisberto Hernández[5]. Sin embargo, la posterior dedicación a la gramática y a la sintaxis puso a Silvina Ocampo en la línea de perfección alcanzada en *Autobiografía de Irene* (1948), libro de cuentos que si bien entraría en la construcción narrativa del canon borgeano, canon del que la escritora se irá luego apartando, aunque no definitivamente, representa, en relación a *Viaje olvidado*, un seguro logro en el dominio de la lengua española. No estará de más recordar aquí que las primeras relaciones establecidas con la literatura fueron, por parte de Silvina Ocampo, a través de las lenguas francesa e inglesa y que sus primeros ejercicios literarios infantiles se practicaron en esas lenguas y no en español, lengua que conoció más tarde.

Como bien observó su hermana, en los cuentos de Silvina Ocampo la fantasía se acompaña de la realidad casi como si fuera la realidad misma, rara vez los hechos fantásticos se apartan del espacio cotidiano, aún cuando transcurran en una época anterior a la nuestra y en otro contexto geográfico. Su trabajo previo es adentrarse en ese tiempo ajeno a ella para hacer perder su fantasía en el día vivido por sus protagonistas, asumiendo la cotidianeidad de los mismos y de las cosas por las que ellos viven y los hacen vivir, como en «Epitafio romano» (*Autobiografía de Irene*).

> - Se repiten los hechos con extraña insistencia. Con temor de perderse, las formas se repiten ellas mismas : en la hoja del árbol está dibujada la forma de un árbol en miniatura ; en el caracol, la terminación del mar con sus ondas sobre la playa ; en una sola ala, imperceptibles alas

---

propia, donde las cosas más disparatadas, más incongruentes están cerca y caminan abrazadas, como en los sueños» (p. 121). Victoria Ocampo, «Viaje olvidado», *Sur*, nº 35, Buenos Aires, 1937, p. 118-121.
4. Noemí Ulla, *Encuentros con Silvina Ocampo*, Buenos Aires, Belgrano, 1982, p. 13-14, p. 16-17 y p. 34-35.
5. José Pedro Díaz, «Prólogo», in Felisberto Hernández, *Diario del sinvergüenza y últimas invenciones*, Montevideo, Arca, 1974, p. 5-21. En las páginas 19-20 se ocupa especialmente de señalar las imperfecciones de Felisberto Hernández y de interpretarlas dentro de la visión fragmentada de las cosas que tenía el escritor.

infinitas ; en el interior de la flor, diminutas flores perfectas. En las caras se reflejan las caras más contempladas (p. 10)[6].

Subyace en estas afirmaciones la idea de que el mundo que percibimos es una traducción de otros mundos donde las repeticiones imperan ordenando la identidad de las cosas mismas con el afán de que nada de ellas se pierda, como lo descubre la poeta de «Los diseños» (*Los nombres,* 1953). También coincidiría con el pensamiento de George Steiner respecto de lo que implica la traducción - actividad tan preciada por Silvina Ocampo -, no sólo en tanto pasaje de una lengua a otra, sino también en el interior de la misma lengua, dentro de una clase social que pasa a otra, de un sexo a otro, de los niños a los adultos, etc.[7]. Los diálogos de los amantes de «Epitafio romano» se hacen cargo de anunciar, anticipándonos el desenlace y por vía de la argumentación, cómo las cosas se encaminan hacia la repetición.

De la repetición a los dobles

En la narrativa y en la poesía, los dobles constituyen una de las presencias más constantes dentro de la producción de Silvina Ocampo. En *Viaje olvidado,* «La siesta en el cedro» o «Las dos casas de Olivos» acogen la amistad de dos niñas que juegan la una a ser el doble de la otra. A partir de allí esta típica regla de composición folklórica, la de "los dos en escena", conocida por la escritora a través de los cuentos de hadas que le contaban y le leían en su infancia, irá poblando la imaginación narrativa de buena parte de su producción. En los cuentos se acentúa la idea de la repetición, como se ha visto, como copia exacta : «más que esposos, parecían hermanos, más que hermanos, mellizos : tenían los mismos labios finos, el mismo cuello crespo, las mismas manos ajenas, abandonadas sobre las faldas, la misma docilidad afectuosa» («Autobiografía de Irene», p. 104). La composición casi idéntica de dos personas se reitera en los cuentos de *La Furia y otros cuentos* (1959) «Nosotros» y «El vástago» con carácter humorístico y burlesco que desafía las convenciones más insospechables de la normalidad. Los dobles del cuento «Nosotros», hermanos que comparten la misma mujer sin que ella lo advierta, mellizos ambos e idénticos, una vez descubierta la

---

6. Silvina Ocampo, *Autobiografía de Irene,* Buenos Aires, Sudamericana, 1948.
7. George Steiner, *Después de Babel,* México, Fondo de Cultura Económica, 1980.

identidad de cada uno, preferirán abandonarla a separarse uno de otro.

Algo semejante ocurre en «El vástago». Aunque los dobles son hermanos maltratados por el abuelo y confusamente envueltos en una relación equívoca, la mujer embarazada de uno de ellos deberá casarse con el otro por orden de "Labuelo". En relación con un pasado literario que incluye los ecos y los espejos como formas de repetición, «La vida clandestina» (*Las invitadas*, 1961) presenta un doble interpuesto en la vida amorosa de una pareja de amantes. Hoffmann, Dostoievski, seguramente Andersen, ingresan en un relato que se separa del tradicional por su construcción y que concluye con el misterio que suelen tener algunos cuentos folklóricos, donde el relator, en juego secreto y perverso, sugiere el final de una historia sin final.

Más borgeano, «La última tarde» (*La Furia y otros cuentos*) presenta a dos hermanos que intercambian sueño y muerte, como al final del cuento «La espera» de Jorge Luis Borges (*El Aleph*). Pero en *Autobiografía de Irene* corresponde a «El impostor» - nouvelle - ser la construcción narrativa más borgeana del libro. Los personajes principales, dos hombres muy jóvenes, componen la secreta trama del doble - un joven retirado en la vida del campo, Armando Heredia, y un joven de la ciudad que va al campo circunstancialmente, Luis Maidana - que desarrolla un tópico frecuente del existencialismo : el espía que es espiado, "persecuté-persecuteur". La perfecta construcción del relato muestra sin embargo a la escritora más como una excelente discípula de Borges que como la que abandonará más adelante este modelo para manifestar su propio estilo narrativo, menos atento a la perfección del relato - en su construcción - que a la originalidad y audacia de las rupturas del mismo, acaso recién logradas en *La Furia y otros cuentos* o en *Las invitadas*, libros además muy cercanos en su fecha de publicación.

El epílogo de «El impostor», bajo el título de «Consideraciones finales de Rómulo Sagasta» entrega al lector la posibilidad de que sea un «cuaderno» que como en una caja china, contenga otro «cuaderno» donde el relator aparezca como un doble o fantasma del otro, donde Armando Heredia y Luis Maidana parezcan ser dos seres condensados y al mismo tiempo contrapuestos como Eros y Thanatos, o un Jano Bifronte. Ambos personajes están lejos de ser del tipo del doble de «Nosotros», copia exacta uno de otro. Las conjeturas sobre ellos se cierran de manera igualmente borgeana : «Las consecuencias de cualquier hecho son, en cierto modo, infinitas» (p. 90), con la observación final sobre la imposibilidad de distinguir entre las zonas de la realidad y las del sueño : «pero no hay cómo saber cuáles fueron sueños y cuáles realidad» (p. 90). De modo tal que el relato se orienta a promover en el lector la colaboración para atender su fluctuante retórica. Es más, «Y si esto fuera una historia policial, yo habría sostenido, tal vez...» (p. 90) ; suposición que nos advierte sobre los límites del género de la narración, dado que entonces Silvina Ocampo prefería atenerse a las fronteras más o menos estrictas de los géneros, antes de retomar la disolución de los mismos ya practicada en el primer libro, *Viaje olvidado* y cuyo punto más alto en cuanto a resolución estética, lo alcanzarán muchos años más tarde *Y así sucesivamemte* (1987) y *Cornelia frente al espejo* (1988).

Como Jorge Luis Borges y Adolfo Bioy Casares, Silvina Ocampo ha reparado cuidadosamente en las condiciones del relato policial, y en tal sentido uno de los tantos puntos a favor de su destreza en la sintaxis de «El impostor» es la conservación, el mantenimiento y el acrecentamiento del suspenso que, sostenido por un riguroso saber del valor de las pausas, demuestran no sólo su conocimiento del ejercicio narrativo, sino también del poético. El conocimiento exacto de las pausas - ordenado, originado o quizás promovido por su actividad musical - es lo que en buena medida organiza y desvía el relato para hacer triunfar siempre la espera o el suspenso en el que se construyen estos dobles, como magistralmente puede advertirse en «El impostor».

Del regreso a los primeros cuentos

Si *Viaje olvidado* inicia los juegos fantásticos con lo cotidiano y *Autobiografía de Irene* representa la perfección del cuento fantástico construido a la manera borgeana, la publicación de *La Furia* después de un largo silencio narrativo en el que Silvina Ocampo publicó sólo dos libros de poemas[8] es en cierto sentido la reunión de la fantasía naïve de *Viaje olvidado* ("naïve" como mucha fantasía de los primeros cuentos de Felisberto Hernández) con la construcción narrativa alcanzada por *Autobiografía de Irene*. Como un regreso a los primeros cuentos («Los funámbulos», «La familia Linio Milagro») están aquellos donde el horror se enlaza con esa aparente ingenuidad de la infancia que llamaron la atención de Italo Calvino y que no eran los preferidos de Borges, a quien disgustaban los llamados cuentos crueles. Entre éstos, «La casa de los relojes», «La Furia», «La boda» y «Los

---

8. *Poemas de amor desesperado* (1949), *Los nombres* (1953).

amigos» (*La Furia y otros cuentos*) exhiben esa maestría con que Poe y otros escritores que practicaron el horror, hacen progresar el conflicto y el comportamiento de sus personajes como si se tratara de niños que ignorando el mal, caen víctimas de él o son victimarios del mismo. Tal «El pecado mortal» o «Diario de Porfiria Bernal» de *Las invitadas*. Silvina Ocampo ha logrado ya, cuando publica estos libros, la perfección del cuento, la maestría de la construcción, y mucho más aún, se ha impuesto con cierto carácter de ensayo, aunar fantasía y espontaneidad de estilo.

Son los años de *La Furia* cuando comparte con Julio Cortázar la voluntad de hacer partícipe al lector, por medio de un lenguaje coloquial, la fantasía con que lo irá envolviendo. Hemos mencionado a Poe entre sus coincidentes. ¿Cómo conciliar el uso del lenguaje coloquial, proclive al realismo al menos por tradición en nuestra literatura, con el cuento fantástico ? No había sido éste el propósito de Borges, ni el de Bioy Casares, tampoco el de Armonía Somers ni el de Manuel Mujica Lainez. Seguramente que con mucha indecisión o inseguridad al principio, Silvina Ocampo y Julio Cortázar ensayaron algunos cuentos compuestos por tímidos coloquialismos, apoyados en la fluidez de la primera persona, cuya modalidad les permitía desplazarse por las intimidades de un lenguaje que fluía entre el susurro cómplice y/o la parodia. Esto, al ser advertido por Enrique Anderson Imbert fue censurado por trangresión a su clase social, por «simulación de vulgaridad», aunque reconociera a Julio Cortázar como uno de los mejores escritores que comienza a publicar entre 1940 y 1950[9]. También Mario Lancelotti[10] observó tanto en Silvina Ocampo - antecedente de Julio Cortázar en la «escritura de la gente pobre» - como en Julio Cortázar la práctica de estas modalidades coloquiales. Si al primero incomoda la aparición del peronismo en los cuentos de Cortázar, «como realidad grotesca», el segundo señala en Cortázar el buen manejo de lo cursi y el lenguaje de la gente humilde ; pero en ambas críticas parecen encontrarse los ecos de la teoría de los tres estilos que tiene origen en la Edad Media (elevado, medio, bajo) y sus articulaciones, la elección del léxico, de las construcciones sintácticas, del nivel social de los personajes hablantes, teoría literaria (lingüística) y sociológica que se abandona a partir del romanticismo[11]. Había observado Erich

---

9. Julio Cortázar, *Final del juego*, in *Revista Iberoamericana*, n° 45, enero-junio 1958, p. 173-175, v. 23, reseña a cargo de Enrique Anderson Imbert.
10. *Sur*, n° 291, Buenos Aires, nov.-dic. 1964, p. 87-89.
11. Oswald Ducrot, Tzvetan Todorov, *Diccionario enciclopédico de las ciencias del lenguaje*, Buenos Aires, Siglo Veintiuno, 1972, p. 184.

Auerbach que cuando Stendhal y Balzac tomaron como objetos de «representación seria, problemática y hasta trágica» a personas de la vida diaria, eliminaron la regla clásica de la diferenciación de niveles, según la cual lo real cotidiano y práctico sólo tiene lugar en la literatura dentro de un marco estilístico bajo o mediano, es decir como cómico-grotesco o como entretenimiento agradable y elegante. Con las propuestas estéticas de Stendhal y de Balzac, es como el realismo moderno se abre paso, desplegándose de acuerdo con la realidad siempre cambiante de nuestra vida[12]. Este lenguaje que parece apuntar a la representación de la realidad, a la mímesis, procurará en Silvina Ocampo y en Julio Cortázar la construcción de algunos cuentos fantásticos que se apartarán en forma gradual de lo tradicionalmente cotidiano.

Si Cortázar entrevió por entonces - como pocos años más tarde se demostraría - que bajo el procedimiento de la parodia alentaban voces no sólo estéticamente Kitsch sino ideológicamente representativas de un sector de la sociedad que no había recibido ni ejercido los efectos de la cultura, Silvina Ocampo procedía de manera más intuitiva, más ingenua y directa, pero también más patriarcal. Ajena a los cambios, a los desplazamientos con que los contenidos de la política y también de la ideología irían germinando en Julio Cortázar, su voluntad de parodiar las voces Kitsch jamás fue revisada, ni interpretada, ni ideologizada. Habría que observar que ambos narradores, cuya práctica de parodiar estas voces fue casi simultánea con *La Furia* y *Final del juego* respectivamente, se distanciarán pronto de sus propósitos con claras divergencias : Silvina Ocampo no tuvo pronunciamientos políticos que acompañaran la poética de sus cuentos ; Julio Cortázar no sólo los tuvo, sino que los mismos coincidieron en un momento con la nueva poética de su narrativa. Partiendo ambos escritores de poéticas semejantes hacia fines de los años cincuenta, en los años del "boom", que coincidieron con los años de igual efervescencia literaria rioplatense, tomaron caminos diferentes. La parodia irá cediendo paso a la interpretación de la marginalidad en Julio Cortázar, la marginalidad de "los sin voz". La parodia de esas voces, quien cronológicamente la había iniciado antes que Cortázar, Silvina Ocampo, la utilizará aún en 1970 en *Los días de la noche*. A pesar del elocuente ensayo *El cuento en la revolución*, la poética de Julio Cortázar se habría de modificar.

Aún en los diálogos, aún cuando los hablantes no hayan incorporado la modalidad rioplatense del voseo (como fidelidad y

---

12. Erich Auerbach, *Mimesis. La representación de la realidad en la literatura occidental*, México, Fondo de Cultura Económica, 1979, p. 522.

representación del habla de la realidad como aparecen en «La Furia»), Silvina Ocampo presta a sus voces el juego del humor, el corte brusco y certero de las respuesta de Cristina a la muchacha que la confunde con Violeta en «La casa de azúcar» (*La Furia y otros cuentos*), la parquedad que genera anfibología y con ella la risa en relación al perro :

— No me llamo Violeta. ¿ Qué edad tiene ?
— ¿ Bruto ? Dos años. ¿ Quiere quedarse con él ? (p. 35).

La voz crítica sobre el abandono de la ciudad, cuando el marido le habla del parque Lezama («Las estatuas están rotas, las fuentes sin agua, los árboles apestados. Mendigos, viejos y lisiados van con bolsas, para tirar o recoger basuras», p. 37), la cercanía del «horrible puente negro de Constitución», la creencia en las supersticiones que convierten a Cristina en Violeta o la creencia en los ídolos que fascinan, como el perro Mimoso que Mercedes hace embalsamar («Mimoso», *La Furia y otros cuentos*) eligiendo no sólo un objeto Kitsch sino los detalles a los que tanto como el objeto el narrador se complace en destacar en sabroso diálogo, atestiguan la presencia y las voces de la gente sencilla (p. 49), lo mismo que el uso constante de la ironía en la conversación como la que despliega Mercedes ante el tenedor de libros, de quien ella se venga con un guiño cómplice al lector :

— Estos animales parecen embalsamados - miró con admiración los ojos del perro.
— En China - dijo Mercedes -, me han dicho que la gente come perros, ¿ será cierto o será un cuento chino ?
— Yo no sé. Pero en todo caso, yo por nada del mundo los comería.
— No hay que decir "de este perro no comeré" - respondió Mercedes, con una sonrisa encantadora (p. 53).

El breve diálogo citado y su consecuente desarrollo (la muerte del invitado, el tenedor de libros que había calumniado a Mercedes) bastarían, con otras narraciones de Silvina Ocampo para incentivar la lectura del horror que alguna crítica se apresuró a señalar, olvidando y parcializando por lo tanto, toda la narrativa de la escritora, excepción hecha del estudio de Mónica Zapata, cuya investigación basada en el lugar que ocupa el horror en los textos de Silvina Ocampo la ha llevado a conclusiones relevantes [13].

La maternidad, con su proceso de embarazo y parto, tiene en «El cuaderno» (*La Furia y otros cuentos*) la inocencia y la

---

13. Mónica Zapata, *L'esthétique de l'horreur dans les récits courts de Silvina Ocampo*, Tesis de Doctorado, Université de Toulouse-Le Mirail, 1992.

superstición - uno de los tópicos de la escritora - enlazadas en la fantasía de Ermelina, la mejor oficiala de una casa de sombreros, cuyo potencial de producción se ha reducido, presionado por el reconocimiento del deseo de pensar cómo será el niño que acoge su vientre y por el conocimiento de su maternidad que acepta con indolencia la disminución y torpeza de su trabajo manual. La relación entre la imagen y el deseo, la visibilidad y la fantasía, la elaboración de la "copia" o de la mímesis, están en la ensoñación de Ermelina (que ha tomado de un cuaderno infantil la cara que desea para su hijo) tan presentes como en Silvina Ocampo los vínculos con el dibujo y la pintura, los procesos de imitación, conjurados y cautivados por la fantasía. El sentido del Kitsch - la elección de una figura desprestigiada por el "buen gusto" para la cara del niño, tomada del cuaderno infantil «la cara de un chico muy rosado, pegada entre un ramo de lilas» (p. 56) - se encabalga y casi se neutraliza por la evidencia privilegiada del tiempo de la maternidad, ese tiempo interior de dimensión ficcional cuyo funcionamiento como materia narrativa construyen algunos personajes de la escritora, como bien lo ha observado Annick Mangin[14]. Ese sentido del Kitsch se destruye entonces borrando todo decadentismo sentimental ante la fuerza viviente de lo imponderable :

> Nadaba en un lago sin agua y sin orillas, hasta que llegó a la ausencia del dolor, que fue una gran desnudez pura y diáfana. Se había sentido como una casa muy grande y muy cerrada, que hubieran de pronto abierto, para un solo niño que quería ver el mundo (p. 59).

Ermelina, poseedora de una economía de la imaginación aplicada a la hechura de sombreros, ve en la copia el modelo tranquilizador para el rostro de su hijo, experiencia que desborda su fantasía. No pocas referencias hay en los textos narrativos y poéticos de Silvina Ocampo respecto de la copia. Como dibujante y pintora el trabajo de la representación en la plástica y en la literatura, ha sido con frecuencia relacionado, a veces para exaltarlo, otras para burlarlo, dando paso a la intervención de la fantasía. Basta evocar el primer libro de poemas, *Enumeración de la patria* (1942) donde el poema homónimo introduce el conflicto estético del alcance de la representación. Al enumerar describiendo a su tierra, Silvina Ocampo escribe : «Te muestro en un infiel espejo» con lo que se plantea la adhesión a la teoría de la representación y, al mismo tiempo, la adhesión a la teoría de la no representación, como no

---

14. Annick Mangin, *Temps et écriture dans l'oeuvre narrative de Silvina Ocampo*, Tesis de Doctorado, Université de Toulouse-Le Mirail, 1994.

podía ser de otro modo en el discurso argumentativo de la escritora, siempre en el ejercicio dialéctico de la ambigüedad, con el que propone diversas interpretaciones discursivas. Sin embargo, está muy claro que en esta posición estética, hace referencia a la literatura. En cambio el poema «Epístola a Giorgio De Chirico» (*Poemas de amor desesperado*, 1949), tras la evocación de su maestro De Chirico expone la estética de Piranesi, coincidente con De Chirico, con Borges y con la misma Silvina Ocampo[15], a partir de la cual se exalta el procedimiento del artificio en desmedro de la naturaleza.

En la cuidadosa antologista de la literatura fantástica (1940) están presentes por cierto, las variedades de lo fantástico que esta escritora compartió estéticamente con Bioy Casares y con Borges. En *La Furia y otros cuentos* los viajes en el tiempo, tan del gusto de Henry James, son el difícil juego que la amante de «El castigo» propone a su amado después de una escena de celos, donde comienza como en un sueño a desandar el tiempo. «Durante el relato, el tiempo, para mí, había transcurrido a la inversa : para ella veinte años menos, significaron para mí veinte años más. Eché una mirada al espejo, esperando que reflejara seres menos afligidos, menos dementes que nosotros. Vi que mi pelo se había vuelto blanco» (p. 169). Tal el extraño efecto, el *unheimlich* que dominaba también en un doloroso viaje al pasado la mente de Irene («Autobiografía de Irene»). Es que Silvina Ocampo, situada en el mundo narrativo con la misma audacia y al mismo tiempo la misma naturalidad que los increíbles niños de sus cuentos, propicia la imaginación sin forzar los mecanismos de lo fantástico que otros escritores intentaron.

«De una manera espontánea, obedeciendo a la ley ingénita de su temperamento, une lo esotérico con lo accesible, y crea una atmósfera libre y poética donde la fantasía, en vez de alejarnos, nos aproxima a la realidad, y nos interna en ese segundo plano que los años, la costumbre y los prejuicios parecían haber ocultado definitivamente a nuestros ojos» ha escrito José Bianco con motivo de *Viaje olvidado*[16]. La modalidad para despertar la fantasía en lo cotidiano, es quizá una de las notas más originales de esta escritora, quien desde *La Furia y otros cuentos* no sólo intentó reunir un lenguaje poético y coloquial, sino la maravilla de

---

15. Noemí Ulla, «Poética», in *Invenciones a dos voces. Ficción y poesía en Silvina Ocampo*, op. cit..
16. José Bianco, in *El Hogar*, septiembre 24 de 1937, reseña recogida in José Bianco, *Ficción y reflexión*, México, Fondo de Cultura Económica, 1988, p. 148-149.

la vida de los objetos y la insospechable e inquietante vida que alienta en la realidad más simple.

Noemí Ulla

CONICET - Buenos Aires

APUNTES PARA UN DERRUMBE

> ...*el exilado que no desea morir sufre, pero el exilado que busca la muerte, encuentra lo que antes no había conocido : la ausencia del dolor en un mundo ajeno.*
>
> «*La continuación*»

1.

Los cuentos de *La Furia*[1] se refieren a un mundo que se derrumba. Son narraciones generalmente deshilvanadas, hechas con retazos de historias incompletas, como si la falta de Historia dejara toda relación en estado trunco. Esta incompletud parece una técnica : para narrar un mundo de costuras deshechas, que no acepta rumbos, tal vez una suerte de falla estructural que equivale a una estructura : lo deshecho aparenta estar a medio hacer. Las identidades confusas, inestables, intercambiables, apuntalan esta ausencia de puntales. Las referencias a lugares y épocas son borrosas. A veces, hay datos sueltos, la mayoría pertenecientes al orbe de la clase media cursi, observada por un ojo exterior pero interesado, que conoce las claves del buen gusto, pero que nunca las reconoce en lo que mira. Parejas o familias sin padre, escasamente dotadas de madre (siempre odiosas y desamoradas), hermanos ligados por la crueldad o un erotismo destructivo, enfatizan que se está contando un derrumbe y que todo cuento es una demolición. Lo que se refiere, se arrasa y arrasa lo que se narra. La tensión narrativa se sostiene, justamente, en una furia, un ímpetu furioso cuya complacencia estética es su propio furor.

---

1. Cito siempre por la edición Sur, Buenos Aires, 1960.

2.

Hay una dialéctica constante : el otro no existe como tal, pues se confunde con el uno, que lo niega, o se niega al reconocerlo. O, si se prefiere, la ausencia de una identidad, motivada por la ausencia de modelos (ningún niño quiere ser adulto porque no quiere identificarse con los adultos que conoce ni puede imaginar una identificación alternativa) bloquea la aparición del otro, que se reduce a un objeto inanimado o mágicamente animado, o a un animal. «No queremos a las personas por lo que son sino por lo que nos obligan a ser» se lee en «La continuación».

Algunas fórmulas del amor en las parejas silvinas, son expresas :

> No aspiré a tu amistad sino para alejarte de otras. En el fondo de mi corazón se retorcía una serpiente semejante a la que hizo que Adán y Eva fueran expulsados del Paraíso («Carta perdida en un cajón»).

> Quieres que sea tuya definitivamente, como un objeto inanimado. Si te hiciera el gusto terminaría por volver al punto inicial de mi vida o por morir, o tal vez por volverme loca... («El castigo»).

> Me dominaba : me devoró como un tigre devora un cordero. Me quería como si me tuviese en sus entrañas, y yo lo quería como si hubiese salido de ellas («El castigo»).

En «El asco», una mujer ama o cree amar a su marido, hasta que advierte el engaño amoroso y concluye que «le había repugnado en él aquello que más la seducía».

La dudosa identidad del amante convierte las parejas silvinas, a menudo, en un triángulo. En «La casa de azúcar», el marido de Cristina averigua que Violeta, una muerta, quiere ser como Cristina. Acaba aceptando que ésta es aquélla, una mujer cuyos amantes le despiertan un delirio de persecución celotípica. En «Nosotros», Eduardo entrega a su mujer a su hermano mellizo, el narrador, quien termina admitiendo que es el otro. Cuando la mujer advierte el engaño, el triángulo se deshace y, con él, la pareja inicial. Una historia similar se lee en «La última tarde» : un hermano vive la vida de otro, le roba su dinero y sueña lo que supone que el otro sueña : que se casa con la mujer que el otro desea.

Los varones silvinos son poco viriles, acaso viragos que buscan en otro individuo del mismo sexo la concreta virilidad que les falta. Una esbozada homosexualidad, de orden fantástico, anima a estos personajes, como a la muchacha viriloide que aparece en «El castigo», tiernamente inclinada hacia las amigas de su adolescencia (tal vez, el único ejemplo de ternura silvina). Quiere suicidarse, quizá para matar a la mujer que hay en ella, ya que se muestra ante los demás haciendo «cosas de hombres».

En cualquier caso, el aprendizaje amoroso deja lecciones de crueldad. La reunión de los amantes tiene un propósito solapado, que la narración descubre y exhibe : el crimen. En «La Furia», un hombre aprende de su amada a ser cruel con un niño y acaba matándolo y reflexionando en la cárcel : «...por no provocar un escándalo fui capaz de cometer un crimen». Viceversa, en «La oración», la narradora adopta a un niño asesino y envenena al marido.

3.

Este mundo descoyuntado y criminoso es el objeto de un castigo. La persecución amenaza con frecuencia a los personajes silvinos. Les corresponde el Infierno y ellos se ocultan para que el perseguidor no los encuentre. De tal forma, convierten la condena en expiación y reclaman el Purgatorio, espacio que la narración les suministra. La profetisa de «La sibila» asegura a Aurora (nombre más que alegórico) que sólo en el más allá se está seguro, y comenta : «Es difícil esconderse en la noche. Porque en la noche todos los ruidos se oyen y la luz de la luna es como la luz de la conciencia».

Ahora bien : la persecución no es aceptada como el resultado de una culpa personal. No se ha cometido una falta concreta que se asume como transgresión y espera el condigno castigo. La falta está en el mundo, es innominada y se asemeja al Pecado Original. Nadie lo ha cometido pero define a todos, y cualquiera puede ser objeto de la consiguiente sanción.

Algunas estrategias silvinas resultan útiles para eludir al perseguidor. Por ejemplo, la clásica, que consiste en confundirse con él. El animal que da título a «La liebre dorada» (un ser inaprensible, que transmigra su alma de cuerpo en cuerpo, se cree inmortal y en comunicación con Dios), perseguido por los perros, se convierte en perro. Cristina, en «La casa de azúcar», es controlada por su marido, al advertir éste que ella deja entrar en la casa a extraños inquietantes y recoge a perros abandonados. La mujer de «El sótano» vive en un subsuelo, rodeada de ratones que le traen joyas y la protegen de los policías que vienen por ella, a la vez que desaparecen cuando la visitan los clientes (quizá se trate de una prostituta). Los animales actúan como elemento contrafóbico.

En otros casos, los objetos inanimados se convierten en presencias persecutorias y establecen la persecución desde dentro. El perseguidor se ha camuflado e invade el refugio. Es el tema de la ciudad asediada desde el interior, la entropía de los lugares blindados que estallan a partir de un elemento íntimo que los sabotea. Cortázar en *Bestiario*, Martínez Estrada en *La inundación*, Mujica Láinez en *La casa* y Borges en el guión para el filme *Invasión* de Hugo Santiago, han desarrollado ficciones similares.

Son las pieles que en el sueño del profeta («El mal») se convierten en monstruos amenazantes; los dispares objetos que atemorizan a Cristina («La casa de azúcar»); el perro embalsamado que despierta las sospechas del marido acerca del bestialismo de su mujer, descrito en una carta anónima («Mimoso»); el mismo perro que funge de hijo, o la figura pegada en un cuaderno escolar, que la mujer quiere convertir en un hijo («El cuaderno»); las cosas sobre las que razona el personaje de «Las fotografías»: «Vio que los objetos tenían caras, esas horribles caras que se les forman cuando los hemos mirado durante mucho tiempo»; el caballo Azabache, con quien conversa la mujer del cuento homónimo y del que se enamora hasta hundirse con él en un pantano y acabar los dos devorados por los cangrejos que lo pueblan; el vestido de terciopelo en el cuento de igual nombre, que mata a la mujer que se lo está probando; el animal que, objeto animado por excelencia, se apodera de la narración y narra él mismo, dotado de un lenguaje que comprendemos, en «Los sueños de Leopoldina».

4.

Como se ha dicho, los cuentos silvinos pasan en lugares de escasa localización o en ambientes de clase media cursi. Por excepción, hay dos relatos donde resulta reconocible la clase alta.

En «El vástago» hay una familia de "gente bien" venida a menos, cuyos miembros jóvenes deben trabajar en tareas inferiores para sobrevivir. Un personaje llamado Labuelo los controla y les impide todo placer, imponiéndoles una moral de la producción y el trabajo penoso, indigna de su estirpe. De entre ellos surge el heredero, Angel Arturo, que recibe privilegios desde el nacimiento y acaba ocupando el lugar de Labuelo y adoptando su nombre. Todos aceptan la legalidad de su cargo y la vida del grupo sigue circularmente su desarrollo de jerarquías monótonas.

También es familia de arraigo la de «El goce y la penitencia». Lo sabemos porque se nos describe la galería de retratos de los antepasados. La mujer, no obstante, obtiene un hijo bastardo del pintor encargado de retratar a su hijo legítimo, de modo que el niño ilegal acaba por tener su retrato en la galería. Lo que importa es la serie de los retratados y la continuidad del apellido, o sea la institución.

Las dos familias difieren en que la primera ha sido degradada por los reveses de la fortuna, y repite sus ritos jerárquicos cuando ya carecen de contenido, y son *anómicos*, como suelen decir los sociólogos. La segunda, en cambio, conserva su estatuto de buena sociedad, bastardía incluida.

5.

En «El vestido de terciopelo», la narradora, una nena risueña, exclama, cuando muere un personaje, víctima del fatídico vestido negro donde se agita un dragón de lentejuelas : «¡ Qué risa !». La propongo como una clave fuerte para ubicar el punto de vista desde donde se dice la narrativa silvina. Es un niño (o una niña) que se ríe de alegría o de miedo (risa histérica) ante el mundo luctuoso de los mayores. La muerte le da risa, no la asume como tal, no le corresponde. Vive en la aldea feliz donde nadie muere, como la inmortal liebre dorada cuyos saltos abren el libro.

Las chicas y los chicos silvinos (y los más crecidos que asumen su perspectiva) suelen marcar esta distancia respecto al mundo adulto con algunas maniobras crueles y destructivas que propenden a destrozar las expectativas de la sociabilidad de los mayores, los usos y costumbres de una determinada sociedad. En «La casa de los relojes» se trata de planchar la giba de un contrahecho, que muere en el intento ; en «La boda», de introducir una araña venenosa en el rodete (el moño) de la novia, que cae muerta en plena ceremonia nupcial ; en «Voz en el teléfono», un chico encierra a su madre y sus amigas en una sala e incendia la casa en plena fiesta ; en «Los amigos», Cornelio, un niño que tiene una ambigua fama de santo y endemoniado, interviene con sus poderes mentales para provocar la enfermedad y la muerte de los demás.

A pesar de todas estas maldades, cuando Silvina describe el Cielo, lo hace como un cuarto de juegos para niños, donde éstos llegan al «centro de la vida», el lugar donde «moran sus preferencias». No es el más allá que premia la virtud, sino el Paraíso del deseo no sometido a regla ninguna, es decir la utopía del deseo inocente, que es pura espontaneidad deseante y no preferencia respecto a una ley que se acata o se transgrede. En tal Cielo, las partes del universo, hechas en miniatura, sirven de juguetes, son manejables y no provocan temor : el mar en una esfera de cristal, el león de peluche, el sol de cartulina, son cosas inocuas que el niño eterno somete a su elección.

Una suerte de gueto infantil, poblado por niños que no crecen ni conviven con sus padres, se nos describe en «La raza inextinguible». Si acaso las personas mayores quisieran ocuparlo, los niños lo destruirían. Una visión diminuta, emanada de este suburbio de la inmortalidad pueril, es «más íntima y más humana» : acaso, el punto de vista del arte.

Desde luego, este colectivo de niños que no llegarán nunca a adultos e ignoran la muerte, es un colectivo sin identidad personal. Los niños que no crecen no pueden contar su historia ni pueden, en consecuencia, decir quiénes son. Quien no asume su propia muerte tampoco puede proyectarse en el mundo de lo finito y lo escaso, que es, justamente, la historia.

Con ello pretendo completar la parábola abierta al principio de estas páginas, y situar al narrador del mundo silvino, un narrador ubicuo e impersonal, que asume posiciones y máscaras fugaces, como invitado indeseable a la fiesta de los adultos, que trata de sabotear y convertir en masacre. En juego de masacre, si se prefiere. La destrucción de las expectativas institucionales (la fiesta, el matrimonio, la convivencia familiar, la educación) resulta perversamente bella, si entendemos por perversión esa plenitud que niega sus carencias, esa inocente perfección del crimen sin culpa. El artista dirige su atenta mirada a estas escenas disolventes y les da una forma igualmente disoluta, descoyuntada. Mejor decirlo con un argentinismo : *descangallada*.

6.

Después de muerto, el ladronzuelo ultimado a tiros se convierte en el narrador de «La sibila». Es la voz de la víctima, pero que no enrostra el crimen a los demás. En el mundo silvino, el otro es inalcanzable o prescindible. Las culpas, cuando aparecen, no son interpelaciones ni reproches. Se dan como confesiones emitidas en la soledad del texto y ante un Dios que no responde. Vale la pena comparar esta actitud narrativa - el relato como confesión, el cuento como exutorio de una culpa que no habrá quien perdone, ni sacerdote ni prójimo - con la adoptada frecuentemente por Juan Rulfo en los cuentos de *El llano en llamas*. También, si se quiere (copio una sagaz observación de Octavio Paz) porque la referencia mayor, en el mundo silvino y en *Pedro Páramo*, es el Purgatorio, donde los pecadores aguardan oscuramente a un innominado regulador de castigos que declare el fin de la condena, la persecución y la amenaza. La recuperación de un Paraíso anterior a la Ley.

En este punto puede inscribirse una pequeña teoría silvina de la invención (cf. el cuento «La creación» : la voz que narra declara que «la obra más importante de la vida se produce en horas de inconsciencia»). El sujeto narrante es una voz impersonal, una suerte de música - Brahms, Schumann y Vivaldi son los ejemplos - que aparece como extraña y que toda la ciudad acaba aceptando como propia, universal. Una música, no una palabra, que se compone «a punto de morir». Forma que viene con la cercanía de la muerte, formalización agónica de una vida sin estructura, cuya única posibilidad de darse es, precisamente, la limitación por excelencia, la muerte.

7.

Las claves para descifrar este mundo desarticulado son, como siempre, varias. Puede verse en esta narrativa una fragmentaria alegoría social. Una sociedad empantanada en un marasmo histórico es descrita como esa familia sin padre, de infrecuentes madres inaceptables, cuyos vástagos se hechizan en una infancia que carece de secuencia. Es frecuente, en la narrativa argentina de la época, esta imaginería de un conjunto humano desprovisto de historia, a veces refugiado en un pasado que idealiza la elegía.

En Silvina Ocampo, por el contrario, no hay, como en otros narradores coetáneos, complacencias melancólicas con un pasado de esplendor, para siempre desaparecido, o cuya pacotilla es descubierta por los herederos. Borges y Mallea, por un lado, Mujica Láinez y Onetti, por el otro. El desarraigo de la historia es más radical : no hay pasado, no hay ancestros heroicos o magníficos, no hay nada perdido que enaltecer o vindicar, ni siquiera trapalones disfrazados de próceres que desenmascarar. De nuevo : porque no hay pasado, no hay Historia.

Ampliando el horizonte de lectura, podría pensarse en la entropía, la segunda ley de la termodinámica : todo orden tiende al desorden. Algunos ensayistas, como Vintila Horia, cifran en este elemento la clave para entender el arte contemporáneo, arte de la intermitencia fragmentaria, el desvarío y el caos.

Si, por el contrario, se angosta el código, puede leerse el mundo silvino como la transposición estética de una crónica familiar. La vida de los Ocampo ha sido documentada por algunos de sus miembros. Una familia de la alta burguesía tradicional, fundadora del país, aguarda la llegada del heredero varón que perpetúe el apellido. En su lugar, nacen seis mujeres. Una muere de pequeña, y queda como el fantasma ejemplar de la niña que no llega a la adultez. Las tres Ocampo vinculadas a las letras - Victoria, Angélica y Silvina - no tienen hijos y sí los tienen las dos que caen del lado de la fecundidad iletrada, Pancha y Rosa.

Silvina es la hija menor, la última tentativa de que nazca el varón de los Ocampo. Se frustra el intento, y la identidad de la benjamina queda en un lugar de indefinición sexual, que hace a la fantasía de los narradores silvinos, seres de escasa sexuación, niños en su mayoría, o sea individuos anteriores a la maduración del sexo.

Esterilidad y literatura : la mujer que no es madre es escritora o, al menos, letrada. La primogénita, Victoria, asume el papel masculino de la conducción : funda una revista y dirige a un conjunto de varones ilustres, a cuya tertulia acuden contadas mujeres sin hijos, como María Rosa Oliver o la propia Silvina. Victoria es padre de padres y su conflicto con la figura paterna, descrito suficientemente en su *Autobiografía*, se resuelve incorporando ese rol, también paterno, de la orientación : el *Sur* de la revista y la editorial homónimas es, por fin, un signo ordenador. Pero Victoria sólo aceptará como hermana a Angélica, y Silvina, rodeada por las figuras masculinas inmediatas - Bioy Casares, el marido que tendrá una hija con otra mujer, y Borges, el mentor del marido y su pareja en el *mariage blanc* de la escritura -, Silvina queda a las puertas de la casa, como la nena terrible que convierte la fiesta en incendio y holocausto. Un fin de raza cultural, si se quiere, el niño excepcional o monstruoso que corta abruptamente la crónica, como les pasa a los Buendía de *Cien años de soledad* o a los Cemí de *Paradiso*. El Paraíso es vacua promesa, rescatada por la fábula y no por el mundo. El mundo de la Historia congelada es, de nuevo, un Purgatorio.

Blas Matamoro

Cuadernos Hispanoamericanos - Madrid

LA SUBVERSIÓN DE LO MARGINAL EN *LA FURIA* DE SILVINA OCAMPO

Coleridge en su *Biographia literaria* (1827) afirma que la fantasía no tiene otros adversarios contra quien luchar sino las fijaciones y las definiciones. El concepto nos propone una excelente perspectiva para incursionar en los relatos incluidos en *La Furia y otros cuentos* publicados por Silvina Ocampo en el año 1959.

La apertura del libro - a nuestro juicio con una estructura de contario en la medida en que los cuentos presentan ciertas constantes - está dada por un texto parabólico: «La liebre dorada». Una liebre acostumbrada a hacer un alto en el mismo lugar del campo para dialogar con «Dios o los ángeles atrevidos»[1] es sorprendida durante un mediodía por un grupo de cinco perros que intenta cazarla. La liebre pasa del primer puesto de perseguida al último puesto de perseguidora. Cuando los perros caen exánimes de tanto correr la liebre los alivia. Finalmente, las voces de los amos reclaman a los perros por su nombre y la «liebre acaso revelando su inmortalidad, de un salto huyó» (p. 28). Liebre y perros nos parecen representar dos maneras de situarse frente a la realidad. Los perros - comenta la narradora - «no eran malos pero habían jurado alcanzar a la liebre sólo para matarla» (p. 26), léase están fijos en el cumplimiento de un rol establecido. Es la liebre, carente de nombre y de pertenencia, quien a través del desplazamiento (cambio de posición en la carrera, huida final) y la indeterminación, abre una nueva dimensión donde la cacería pasa a ser paseo, donde puede sentarse entre sus enemigos y dudar de si era liebre o perro.

---

[1]. Silvina Ocampo, *La Furia y otros cuentos*, Madrid, Alianza, 1982, p. 25. Se cita de una vez y para siempre. En adelante sólo se consigna número de página.

Más allá de la lectura netamente autobiográfica propuesta por Matilde Sánchez[2] y que se hace presente en los elementos descriptivos del ambiente - el jardín con las cuatro estatuas, las flores pisoteadas, los nombres de los perros - creemos descubrir en la huida de la liebre una metáfora del desdibujamiento de límites que caracteriza a lo fantástico. El texto se nos propone como incitación a escapar de todo encasillamiento, rigidez y generalización. En una de las secuencias del cuento, mientras está siendo perseguida por los perros, la liebre grita que no corran pues es un paseo. Intento de trastrocar la realidad amenazante de la persecución que no es escuchado en esta primera instancia pero que alcanza éxito cuando perros y liebre confunden sus cualidades :

> — Parece que fuéramos más numerosos (dicen los perros).
> — Será porque tenemos olor a liebre - dijo el perro pila rascándose la oreja. No es la primera vez.
> La liebre estaba sentada entre sus enemigos. Había asumido una postura de perro. En algún momento ella misma dudó de si era perro o liebre (p. 27).

Quisiéramos aun ir más lejos. ¿Cómo no ver en la liebre sentada entre sus enemigos, dudando acerca de su naturaleza, una imagen de la escritora mujer ? La liebre es "ella" y es "ellos" en una actitud integradora y múltiple que se opone al unitarismo del discurso patriarcal. Señalar una actitud feminista en Silvina Ocampo implica contradecir más de una declaración personal en que manifiesta su desconfianza frente al movimiento surgido alrededor de la década del 60. Su posición queda clara en el siguiente fragmento extraído de sus conversaciones con Noemí Ulla (1982) :

> N. U. — ¿ Vos sos feminista, Silvina ?
> S. O. — Si me lo explicaran, contestaría : en esto sí, en esto no. No me gusta la posición que adoptan porque me parece que se perjudican, es como si pretendieran ser menos de lo que son. En definitiva no conviene luchar contra las injusticias de una manera que no sea completamente justa[3].

¿ Por qué insistir entonces en una lectura, desde una perspectiva feminista, de una autora que no se considera como

---

[2]. Tanto Matilde Sánchez como Noemí Ulla recogen la anécdota relatada por Silvina acerca de la jauría de perros que invadió el jardín de la estancia de los Bioy.
[3]. Noemí Ulla, *Encuentros con Silvina Ocampo*, Buenos Aires, Editorial Belgrano, 1982, p. 30.

tal ? En primer lugar porque sus dichos no satisfacen del todo a quien se acerca a los textos obedeciendo, al menos en una medida razonable, el consejo de Lawrence : «Never trust the author». En segunda instancia, porque una lectura efectuada a partir de veinte años de crítica feminista no puede dejar de observar que la narrativa de Ocampo presenta varias aristas que permiten considerar que en su producción se interseccionan la apertura de estructuras propia de la literatura fantástica con la tangencialidad propia de la literatura escrita por mujeres.

Lo "femenino" aparece en los textos de *La Furia* en varios niveles. Cabría aclarar en este punto que el trabajo con los cuentos permite descubrir una compleja trama de interrelaciones que posibilitan el tejido de una red de significados que une los textos individuales entre sí[4]. Un primer estadio en que aparece sería en el plano de la representación. En los cuentos incluidos en el texto que nos ocupa no hay magos que alienten "invencibles propósitos", ni bibliotecarios abstraídos hasta tal punto de la realidad que choquen con una ventana abierta. La representación de mundo de estos textos se centra en una mujer que aparece decididamente distanciada de los estereotipos condenados por la segunda generación de feministas[5]. Permítasenos citar, a propósito de estos estereotipos, las palabras con que Virginia Woolf denunciaba los clichés en la representación de la mujer :

> En realidad, si la mujer no tuviera existencia salvo en la ficción que han escrito los hombres, uno se la imaginaría como una persona de la mayor importancia, muy heterogénea, heroica y mezquina, espléndida y sólida, infinitamente hermosa y extremadamente horrible tan grande como el hombre, más grande según algunos (p. 61)[6].

La figura femenina delineada por S. Ocampo supera la dicotomía antitética permitiendo la convivencia de los opuestos.

---

4. El estudio de *La Furia* nos ha permitido constatar que todos los cuentos están íntimamente relacionados a través de más de un elemento y/o aspecto (ideas recurrentes, perspectivas narrativas semejantes, géneros discursivos, etc.). Privilegiaremos aquéllos que nos parecen, en este asedio, más significativos.
5. Nos referimos a los trabajos aparecidos fundamentalmente entre la década del 60-70. En estos estudios - quizá mejor representados por Kate Millett y su *Sexual, Politics* - se trabaja fundamentalmente con una visión crítica de las representaciones culturales de la mujer.
6. Virginia Woolf, *Un cuarto propio y otros ensayos*, Buenos Aires, A-Z Editora, 1993.

La Furia - en la mayoría de sus cuentos - rescata la marginalidad de la mujer de clase media baja de los barrios de la ciudad de Buenos Aires[7]. Aparecen costureras, peluqueras, modistas, planchadoras, amas de casa, recién casadas, criadas, niñeras, vecinas, ubicadas en el ámbito de lo privado y de lo íntimo que tradicionalmente fue el "permitido" para la mujer. Esta aparente fijación no es sino un juego con el que intenta disimular la real intención de la escritora : subvertir por dos vías el orden impuesto. Por un lado, lograr la destrucción de la antinomia ángel / demonio ; por otro lado, demostrar que lo que es considerado "vulgar" es, precisamente, el espacio que permite el acceso a lo fantástico.

La representación a que aludimos aparece claramente en tres cuentos cuyas protagonistas son típicas mujeres casadas : «Mimoso», «La casa de azúcar» y «El asco». En los tres, de una manera o de otra los matrimonios se ven asediados por el despertar de conductas extrañas por parte de las protagonistas. En «Mimoso», un narrador omnisciente nos cuenta la venganza de Mercedes, una mujer que por amor a su perro lo hace embalsamar para que siga protegiéndola y acompañándola. La maledicencia de la gente determina a su marido a romper en pedazos al perro y ése será el «asado con cuero» con que ella envenenará al presunto autor del anónimo difamatorio, el tenedor de libros. Mercedes reúne en sí misma las características netamente femeninas de compasión, dolor ante los débiles y, al mismo tiempo, la actitud falsa y solapada que la lleva a planear y concretar su venganza con una encantadora sonrisa. El texto trabaja admirablemente la simbiosis de sentimientos de Mercedes a través del cambio gestual : su cara al comienzo enrojecida y deformada por el llanto de dolor adquiere, al recuperar a su mascota embalsamada, una actitud de paz y reposo. En el momento en que concreta su venganza, afirma que Mimoso todavía la protege y se seca lágrimas pues «lloraba cuando reía». El trabajo de síntesis se completa incluso con la utilización de una serie de expresiones ambivalentes referidas al perro. El embalsamador, al serle encargado el trabajo, anuncia que el animal quedará tan lindo que «Cuando lo vea listo le va a dar ganas de comerlo» (p. 66). Al final, cuando ya tiene lista su

---

[7]. En este sentido es interesante recordar el trabajo de Betty Friedan, *The feminine Mystique* (1963). Allí se refiere al «problema sin nombre» (el *malaise* del ama de casa de clase media baja que no tiene ningún rol más allá de su hogar). Es interesante señalar que, en este sentido, S. Ocampo le otorga a estas mujeres el rol de ser artífices del efecto fantástico.

venganza, Mercedes anunciará que ese día se comerá asado con cuero y le advierte al invitado de su marido que «No hay que decir "de ese perro no comeré"». El narrador mantiene distancia ética frente a lo narrado8 y nosotros, lectores, nos quedamos desconcertados ante esta mujer que es puro amor hacia su perro pero que es también capaz de imaginar una venganza de tal magnitud: ¿será signo de la locura de Mercedes o será justa reacción ante las maledicencias e imposiciones complacientes de su marido que no pueden dejar de calificar como locura todo aquello que vaya más allá de lo permitido?

Semejante en cuanto a representación de la mujer y su situación matrimonial, «La casa de azúcar» se desliza hacia una resolución más decididamente fantástica. En este caso el narrador es el marido de Cristina. El personaje femenino, cuya característica definitoria es la superstición, está delineado como una clásica recién casada: las tareas que la ocupan son los postres con que deleita a su marido, la limpieza de la casa y los volados de nylon con que decora incluso la tapa de la letrina. El narrador va a observar desconcertado el cambio de su dulce y alegre mujer y no va a proponer en ningún momento ni el diálogo ni la intención de una solución común sino el silencio, los celos y la sospecha. En este caso, el desplazamiento de Cristina de su vida rutinaria y «feliz» hacia otra vida que la arrojará a la intemperie una noche de invierno, estará dado por la paulatina apropiación del destino de Violeta, la antigua habitante de la casa. Este proceso de sustitución de un destino por otro comienza con la llegada del vestido de terciopelo que motivará la adopción del perro Bruto, las visitas de hombres disfrazados de mujer, el canto con una voz ajena. El texto trabaja hábilmente con una situación planteada desde el comienzo: Cristina era sumamente supersticiosa pero con una superstición personal que no respetaba las características y aceptadas supersticiones populares que eran abiertamente desafiadas por ella. Al comienzo del texto, se nos dice que Cristina se negaba a deshacerse de un espejo roto que estaba en su cuarto. Por otro lado, el narrador no ha respetado su temor

---

8. Ghiano, en un artículo crítico aparecido en el diario *La Prensa* de Buenos Aires, compara a los narradores de Ocampo con la postura narrativa anhelada por Joyce: «Ese Dios que se limpia las uñas mientras sus criaturas viven». La impasibilidad de los narradores de los cuentos incluidos en *La Furia* es realmente sorprendente dado los vejámenes, agonías, vejaciones que se narran.

ante las casas que ya han sido habitadas y pese a saber que la casa de azúcar no era a estrenar, como parecía, se han instalado allí. ¿Es la huida de Cristina la fuga motivada por una mala suerte predestinada? ¿Es la huida de Violeta en busca de otros amores o es la huida de quien ya no encuentra ni siquiera la posibilidad de vivir ante un extraño? El mismo narrador concluye el relato con la siguiente reflexión: «Ya no sé quién fue víctima de quién, en esa casa de azúcar, que ahora está deshabitada» (p. 58). La vacilación del narrador profundiza la incertidumbre fantástica del lector.

En el caso de «El asco» la representación de la mujer es semejante a la de los cuentos ya mencionados pero la narradora - por lo demás poco confiable en la medida en que cumple con un doble rol de confidente de la esposa y amante del marido - incorpora, a través de un elíptico comentario final la idea de subordinación que esconde su yo. Se juega con el ocultamiento por la razón evidente de esconder una traición y por la no tan evidente necesidad de disfrazar su desengaño ante un hombre que es mitad santo y mitad diablo, que es «como todos los hombres». El juego de apropiación - no como en «La casa de azúcar» de la personalidad de otra mujer - sino de algo más concreto: el marido, es planteado en relación a la tarea de peluquera:

> Cuando teñimos, ondulamos o cortamos el cabello, la vida de la clienta se nos queda entre las manos, como el polvillo de las alas de la mariposa (p. 206).

Si el comentario final del texto señala el sometimiento de la narradora al barbudo no podemos dejar de señalar - aunque el desarrollo del tema exceda los límites de este trabajo - una máscara encubridora de las experiencias autobiográficas de S. Ocampo[9].

La perspectiva presentada en estos tres cuentos es la predominante en el contario que nos ocupa y conforma un punto de vista "misericordioso" hacia estas mujeres. Pareciera que, en medio de sus vulgares y rutinarias ocupaciones, las mujeres de clase media baja logran subvertir - aunque no

---

[9]. Silvina ha sido siempre reacia a hablar de su intimidad. Sin embargo, en una reciente entrevista, su marido, Adolfo Bioy Casares confiesa: «Me hubiera gustado serle fiel a Silvina y haber tenido también todos los amores que tuve...». Y agrega: «Silvina, poco antes de morir, me dijo: "Sé que me querías más que a nadie porque siempre volviste a mí"». *La Maga Colección*, abril de 1996.

siempre sea en el hallazgo de la felicidad - los límites que su condición les ha impuesto.

Muy diferente es la mirada hacia las protagonistas de la llamada "aristocracia" u "oligarquía" argentina[10]. Para ejemplificar esta perspectiva nos centraremos en tres cuentos : «El vestido de terciopelo», «Voz en el teléfono» y «La propiedad». Si las trabajadoras o amas de casa de clase media al subvertir el orden impuesto inauguraban un espacio nuevo, los personajes de estos tres cuentos sólo hallan la muerte. La señora «rubia y linda» de «La propiedad», la madre del narrador de «Voz en el teléfono» y Cornelia Catalpina de «El vestido de terciopelo» comparten la frivolidad y vanidad. Dotadas, por el dinero y las dimensiones de sus respectivas casas, de la posibilidad de construir un espacio creativo, se limitan las tres a preocuparse sólo de su apariencia física. Han hecho de la posibilidad de libertad ante las tareas que ahogan a la mujer de clase media, una máscara de la esclavitud de sus cuerpos. La marginalidad creativa de la mujer sujeta a una labor menor se consume aquí en la esterilidad de quien recibe un justo castigo por su encapsulamiento. Resurge, a través del vestido de terciopelo, la venganza de Medea ante la mujer que acepta el papel de muñeca que la sociedad le impone. Aun más despojada de roles creativos es la madre del narrador de «Voz en el teléfono» quien no sólo despoja a su hijo del sirviente preferido, muebles queridos sino de los objetos que configuran su «hogar».

De un modo o de otro los personajes femeninos de estos cuentos han sido incapaces de construirse un espacio creativo y la muerte los asedia simbolizada por un vestido de terciopelo que anima con vida propia al dragón bordado sobre él ; un grupo de niños que queman con fósforos «largos y lujosos» a sus madres o el desenlace más realista del envenenamiento por ambición.

El mundo creado por Silvina Ocampo en *La Furia* se escapa de la norma - como anticipábamos - por dos vías : la representación de la mujer y ciertos objetos que permiten la irrupción de lo fantástico. Ya señalados los dos tipos femeninos más tratados en los relatos (la mujer de clase media baja de los

---

10. El mundo de la "aristocracia" u "oligarquía argentina" es el mundo en que se crió Silvina Ocampo. En las conversaciones con Noemí Ulla recuerda más de una vez las dimensiones de la casa en que viviera, la cantidad de sirvientes que vivían en su casa, la relación de la niña con ellos. También abundan los recuerdos de su relación con las "obligaciones sociales" de la madre.

barrios de Buenos Aires y las aristócratas argentinas) dejaremos para el cierre de este trabajo el caso particularísimo de la mujer escritora y ahora nos centraremos en los objetos e ideas recurrentes que habitan ese mundo nuevo. Como la araña de sus cuentos, Silvina se esconde, se mimetiza en las palabras y nos convoca a una minuciosidad imprescindible para alcanzar un análisis que se aproxime a *su* verdad. Treinta y cuatro son los cuentos de *La Furia* ; trabajaremos con algunos de ellos para desentrañar la esencia que sustenta la pluralidad de sentidos.

Una de las palabras de sentidos múltiples que juega un papel destacado en el corpus es la que consignamos más arriba : araña. No por casualidad el poema de la autora «Arácnidas», incluido en *Cornelia frente al espejo*, define la función de la palabra :

> Ahora me pregunto por qué se llama araña
> este adorno que cuelga del techo
> y que me inspira estúpidas frases.
> ....
> Las arañas parecían intuir
> que aquella arma mortal podía con menos riesgo
> servir de guarida... 11

Disfraz, guiño cómplice al lector, desvío y resemantización, extrañamiento y significado enriquecido. La escritura se convierte en la aventura de confundir, restar seguridad y recompensar con el hallazgo de una duda que oficia de puerta hacia lo fantástico. Recordemos las palabras de Todorov en su *Introducción a la literatura fantástica* : «La literatura fantástica está determinada por la simultaneidad de los sentidos que sólo en apariencia son excluyentes». La araña (que teje, símbolo de lo femenino por género y por actividad), designa al insecto y, por transposición, a la «especie de candelabro sin pie y con varios brazos que se cuelga del techo».

Los plumeros son, a la vez, arma y guarida. La araña es muerte y vida : la una por el veneno que esconde, la otra porque, como dice el poema, la autora siente «la incongruencia de la vida / que busca a veces amparo / en el arma que nos va a matar» 12.

---

11. Matilde Sánchez, «Prólogo, selección y notas», in Silvina Ocampo, *Las reglas del secreto*, Buenos Aires, F.C.E., 1991.
12. Volvemos a encontrar la ruptura de los "roles" establecidos que observábamos en «La liebre dorada». Esta misma ruptura de divisiones dicotómicas se observa claramente en «Informe del Cielo y del Infierno».

La idea reaparece en el cuento «La boda». Gabriela, la niña sobre la que Roberta ejerce un «misterioso dominio» desliza en el rodete de la amiga de ésta, que va a casarse, la «enorme araña» que había guardado en una cajita luego de capturarla una noche de tormenta. Roberta había dicho : «Es la esperanza. Una señora francesa me contó una vez que *La araña por la noche es esperanza*» (p. 165). Antítesis del círculo fatal : muerte para la envidiada amiga ; esperanza y vida para la instigadora del crimen[13].

El segundo objeto-símbolo del que nos ocuparemos son los peces rojos que enhebran varios de los cuentos de *La Furia*. Dice la narradora de «La propiedad» :

> En aquella mansión, en lugar de flores, peces rojos que nadaban en sus peceras como Pedro por su casa, adornaban los dormitorios (p. 31).
> Desde las ocho de la mañana, los compañeros llevaban las peceras al jardín para cambiarles el agua y dar comida a los peces, que eran unos comilones (p. 32).

Gula y lujuria asociadas en el concepto del pecado, del bien y del mal.

En «La Furia» Winifred, que le recuerda al narrador «a una de las Furias», llevada por la envidia, enciende con su vela las alas del traje de ángel que llevaba Lavinia, su amiga de la infancia. Relata que, para corregir sus defectos, como temía a los animales le metió «arañas vivas dentro de su cama» y, más tarde, fue «a su casa con varios regalos : chocolate y una pecera con un pez rojo...» (p. 57).

La clave del significado de los peces rojos la da el cuento «La casa de azúcar». Cristina, el personaje principal del cuento es, como señalábamos más arriba, muy supersticiosa. Dice el narrador :

> Las supersticiones no dejaban vivir a Cristina...
> No podía comprar frutillas en el mes de diciembre, ni oír determinadas músicas, ni adornar la casa con peces rojos, que tanto le gustaban (p. 49).

---

13. El símbolo de la araña ha sido reiteradamente utilizado por las feministas. Aracne, según Pierre Grimal, destacada tejedora desafía a Atenea. Y aunque ésta le recomienda mesura, compite con la diosa. La diosa teje imágenes de los castigos de los dioses a la soberbia de los mortales ; Aracne muestra en su tapiz los amores que han deshonrado a los dioses. Vencida por un golpe de Atenea encolerizada, intenta suicidarse. Atenea le salva la vida pero la condena a tejer en silencio.

Los peces son, entonces, un elemento conocido como lugar común dentro del saber popular argentino y, en los cuentos en que aparecen, se instala lo nefasto. Ese sentido es recogido en «La casa de los relojes» :

> ...la casa del barrio que más me gusta es esa tintorería LA MANCHA. En su interior hay hormas de sombreros, planchas enormes, aparatos de donde sale vapor, frascos gigantescos y una pecera en el esacaparate con peces colorados (p. 62).

Como último término de la enumeración conformada por objetos que de ordinario se hallan en un negocio como ése, aparece - fuera de contexto - la pecera con peces colorados, signo de la convivencia de dos mundos, el real y el fantástico.

Hemos planteado más arriba la posibilidad de estudiar los objetos que consideramos simbólicos. Después de mencionar lo referente a las arañas y a los peces colorados, analizaremos la función del/de los espejos. En el cuento «El cuaderno», la protagonista despierta «en la camilla blanca, repetida como en un cuarto de espejos...». Nos parece que ésa es la idea primera del objeto que permite la reduplicación casi ilímite de la realidad. Pero, en otro de los cuentos elegidos, ese espejo funciona como testigo y posible puerta de escape del personaje de «El sótano» :

> Ninguna ventana deja pasar la luz en el horrible calor del día.
> Tengo un espejo grande... (p. 85).

En el oscuro sótano (el mundo), la protagonista tiene la luz que le permite ese objeto que le sirve, primordialmente, al final de la historia para reafirmar su decisión y autoafirmarse en su identidad.

> ¡ Pobrecitos ! No saben. No comprenden lo que es el mundo. No conocen la felicidad de la venganza. Me miro en un espejito ; desde que aprendí a mirarme en los espejos, nunca me vi tan linda (p. 87).

Curiosa unión de estos dos seres : dos mujeres que eligen imponerse a lo cotidiano. La primera introduciendo en el ámbito de lo real lo que proviene del ámbito de la ficción : su propio hijo con cara de muñeco ; la segunda dando la espalda al horrible mundo para escapar de él mediante la contemplación de su propio universo y su ensimismamiento. Lucha y recuperación de identidad. Otra vez lo femenino invierte su rol tradicional para adquirir, mediante el aprendizaje, su propio yo. El espejo, como el fuego, crea, destruye y recrea.

En el primer cuento aparece la idea especular de la semejanza; en el segundo, la afirmación de la diferencia.

El sótano es descripto como un Edén; también en «La propiedad» se dice: «Vivíamos en un Edén» (p. 99). Sin embargo la visión de sí misma que tiene la protagonista cuando regresa y se entera de la muerte de la dueña de casa, es muy distinta:

> En los espejos yo parecía ni más ni menos que una enana. ¿Quién es ésa? pensé y era yo (p. 103).

Esta nueva identidad, la de quien accede a prostituirse, a entregarse como «propiedad» del asesino es devuelta como imagen disminuida, menoscabada, casi inexistente. Tal vez el cuento que defina mejor la simbología del espejo sea «El castigo». Su oración inicial dice:

> Estábamos frente a un espejo que reflejaba nuestros rostros (p. 185).

Y más adelante:

> Ese espejo me recuerda mi desventura; somos dos y no una sola persona, dijo tapándose la cara (p. 185).

Frente al espejo la protagonista presencia y vive el retroceso de veinte años que la llevará al origen y a la locura. Se recuerda a sí misma en los momentos de felicidad antes de conocer a Sergio, la otra persona del «nosotros». Entonces, «Bailaba frente al espejo». Al final del relato, cuando los protagonistas han concluido el doble viaje en direcciones contradictorias, él reflexiona:

> Eché una mirada al espejo, esperando que reflejara seres menos afligidos, menos dementes que nosotros. Vi que mi pelo se había vuelto blanco (p. 191).

Verificamos en esta cita el doble juego del objeto creado para reflejar dobles: por un lado puerta de acceso y custodia de lo fantástico y, por otro, implacable testigo de la realidad.

Uno de los cuatro cuentos que unimos en el análisis del objeto espejo, «El cuaderno», se conecta en esta cuidada red de significación con otra trilogía que se nuclea en torno al objeto "vestido". Espejo y vestido, dos elementos netamente femeninos que tienen que ver con la apariencia, con la figura y con las actividades acordadas a la mujer.

En «El cuaderno» Ermelinda cose un vestido para cuando adelgace y sueña con el hijo que está por nacer. Hasta ese momento de sus manos surgían los sombreros como «pájaros recién nacidos». Los había tratado siempre como a recién nacidos. Ahora piensa en el hijo y sustituye la creación de los objetos, por el hijo que «dibujará» mentalmente. El deseo logrará imponer al mundo real las facciones de una figura pegada en el cuaderno del hijo de la vecina. Era «la cara de un chico muy rosado pegada entre un ramo de lilas». Al final del cuento, su hijo repetirá la imagen :

> Entre envoltorios de llantos y pañales, Ermelinda reconoció la cara rosada pegada contra las lilas del cuaderno (p. 76).

La mujer en la que piensa la autora es, como dijimos, la que se dedica a tareas de género pero, además, tiene la misión de la maternidad que la acerca - en este caso mediante la vía del fantástico - a la función creadora de la divinidad.

El vestido reaparece, incluso con mayor relevancia, en otros dos cuentos : «La casa de azúcar» y «El vestido de terciopelo». En el primero de ellos, la protagonista obtiene, con el vestido que recibe, una vida que no es la propia y, obligada por éste, comienza a vivirla repitiendo una historia ajena. En «El vestido de terciopelo» la protagonista, por vanidad, pretende vestir un traje de terciopelo que no es de su medida y la prenda, dotada de un extraño poder animal, concluye la historia quitándole la vida. Travestismo, destinos cruzados, pecados capitales, deseo, todo se confabula en el desarrollo de las historias entretejidas en un tapiz de cuyo revés alcanzamos a atisbar algunos hilos, algunos colores, alguno de los elementos que configuran la literatura de Silvina Ocampo en *La Furia*.

Custodiando la precisa enumeración de objetos elegidos para el análisis no podemos dejar de mencionar aquéllos que presiden y cuidan celosamente al resto, demarcando una zona propia y especial : las estatuas.

Las estatuas constituyen objetos rescatados por Silvina escritora y por Silvina mujer. De sus conversaciones con Noemí Ulla obtenemos el dato de que, ante la medida inconsulta de su hermana Victoria de quitarlas de la casa paterna, la sensación es la de no pertenencia, la de desajuste con el ámbito conocido. Esta situación es la que repite el niño de «Voz en el teléfono» quien sufre la invasión de la madre cuando ésta quita del salón las figuras que le eran familiares y queridas : «Las alfombras, las arañas y las vitrinas de la casa me gustaban más que los juguetes» (p. 179). En otro momento de su vida, también recogido por Noemí Ulla, Silvina ya casada, rescata cuatro estatuas que representaban a las cuatro estaciones. Estaban casi rotas y ella las recompone y adecua para la galería de su nueva residencia, en Rincón Viejo[14]. Las estatuas la «fascinaban».

La mujer pone límites, vigila su lugar y, como intensificando la decisión, la escritora sitúa en el cuento que inaugura el libro las estatuas con globos que custodian el jardín donde aparecerá la liebre dorada. ¿Es que intenta decir al lector, a sus colegas, y a su propia hermana que la diferencia *existe* y que su aparente segundo lugar no es otra cosa que el desconocimiento por parte de los otros de una real originalidad?[15] En este caso, las estatuas no sólo delimitarían «el cuarto propio» sino también el "nombre propio". Esta ansia de nombre, de autoafirmación, está connotada en la elección de los títulos del contario constituidos esencialmente por construcciones sustantivas. Se nombra lo necesario. Lo imprescindible, lo que debe ser nombrado. Lo que resume en apretada síntesis los dos mundos en pugna: el real y el fantástico. Matilde Sánchez resume con las siguientes palabras la importancia conferida al nombre:

> Ocurre que todo está en el nombre. En este universo de casos, entre lo fantástico y lo natural media el *deseo*, o, con mayor precisión, el nombre propio como deseo.

Equiparándonos a Silvina Ocampo para quien el número cinco es significativo y repetido en la mayoría de sus cuentos, hemos analizado los que, a nuestro juicio, son los cinco objetos-símbolo más originalmente tratados: las arañas, los peces, los espejos, el vestido, las estatuas.

Tal vez para la autora ésos fueron los juguetes (literarios) que prefirió a otros. Como Camila Ersky, la protagonista de «Los objetos» del modo más natural para ella y más increíble para nosotros, «fue recuperando paulatinamente los objetos que durante tanto tiempo habían morado en su memoria» (p. 107). No olvidemos que dichos objetos, sobreabundantes en la narrativa de S. Ocampo están incluso hacinados en las galerías

---

[14]. Las palabras de Silvina son las siguientes: «Claro, Victoria, mi hermana, quiso modificar la casa en una época de modernismo y sacó las estatuas. Yo casi me muero cuando lo hizo. [...] Eran cuatro estatuas. Íbamos a visitar a Borges a Adrogué y me fascinaban las estatuas de esa casa...».
[15]. La relación de Silvina Ocampo con su hermana Victoria, la fundadora de *Sur*, siempre fue problemática. Durante mucho tiempo la crítica literaria relegó a Silvina a un segundo lugar, al costado de Victoria. Esta situación ya ha cambiado.

del Cielo y del Infierno, como se afirma en el relato «Informe del Cielo y del Infierno».

Nos ha interesado señalar que la autora de *La Furia* construye lo fantástico partiendo de una visión femenina ; sin embargo, convendría puntualizar que los cuentos - como hemos creído demostrarlo - rehuyen los estereotipos. La representación de la mujer predominante nos señalaba no sólo la superación de los estereotipos sino también de los llamados contra-estereotipos que ignoran las diferencias de clase, cultura y condición social de las mujeres, diferencias que son tenidas en cuenta en los cuentos que nos ocupan. Creemos, además, que los textos de *La Furia* se enraizan en la privacidad del ámbito femenino y, a partir de allí, no desatienden las particularidades de la mujer argentina. El medio elegido por la autora para mostrar la superación de la marginalidad de la mujer ha sido producir la irrupción de lo fantástico en un cúmulo de objetos que rodean el hacer cotidiano : estos objetos suelen romper el orden marginal a que se los ha relegado y desintegrar toda esclerosis.

Si bien el trabajo se ha centrado en los dos aspectos que acabamos de considerar no podemos dejar de apuntar la innovación que S. Ocampo aporta en el plano de la lengua literaria utilizada. La verbalización excesiva, la exageración, la minuciosidad descriptiva que Silvia Molloy considera características definitorias del lenguaje de la autora[16] no pueden dejar de relacionarse con el intento feminista de romper con la rigidez logocéntrica. No menos original, en este sentido, es la mezcla de registros que la autora incorpora. Lenguaje narrativo que no puede dejar de remitirnos al eco de nuestra «jouissance», de nuestras locas palabras, de nuestros embarazos como quería Kristeva que fuera la lengua femenina. Esta problemática, apasionante y enriquecedora en la medida en que nos llevaría al replanteo de si existe o no una lengua femenina, sólo puede ser apuntada en este trabajo.

Comenzamos con «La liebre dorada» pues nos pareció parabólico del libro. Permítasenos concluir con una referencia a otro texto que nos parece síntesis de los dos aspectos que quisimos vincular. Podríamos hacerlo con el cuento «La Furia», el que da nombre a la colección y que es una excelente síntesis de la reacción masculina frente al desorden generado por una

---

16. Silvia Molloy, «Silvina Ocampo : la exageración como lenguaje», *Sur*, n° 320, Buenos Aires, septiembre-octubre 1969.

de la reacción masculina frente al desorden generado por una mujer y un niño que no respetan su "cosmos". «Los sueños de Leopoldina» nos permitiría reafirmar la rebelión de lo onírico y de los objetos impuestos a partir de los sueños sobre la realidad. Sin embargo, creemos que el cuento que sintetiza la óptica de este trabajo es «La continuación». Aparece en este texto el objeto espejo como reiteración de la cara de la narradora en el marido y reiteración de la cara del marido en ella pero sobre todo como reiteración ficticia de la realidad: el argumento inventado por la protagonista en el cual los roles se dan invertidos - Leonardo repite sus anhelos y Úrsula reitera la conducta del marido. Sólo a partir de este juego y después de la ruptura, primero de todo lo que enriquecía su vida y más tarde del argumento, puede la mujer escritora encontrar su lugar. Hallazgo azaroso que le permite perder el deseo de suicidio y continuar un argumento lleno de vacilaciones, que sigue corrigiendo dentro de su vida. El lugar es conquistado a través del desplazamiento, de la continuación en el doble plano vida / ficción, en la construcción de otra vida, en la huida a través de la palabra. Si bien esta huida tiene su alto costo, Silvina Ocampo pareciera querer decir como Marguerite Duras en *Les petits Chevaux de Tarquinia*: «Au fond, tu vois, la litterature, c'est une fatalité comme une autre, on n'en sort pas».

Susana Martínez Robbio
Cristina Andrea Featherstone

Universidad Nacional de La Plata

BIBLIOGRAFÍA

ANDERSON IMBERT Enrique, *Teoría y técnica del cuento*, Buenos Aires, Marymar,1979.
CAMERON Deborah, *Feminism and Lingüistic Theory*, Londres, Macmillan, 1992.
DURAS Marguerite, *Les Petits Chevaux de Tarquinie*, París, Gallimard,1953.
GHIANO Juan Carlos, «La esencia del cuento», *La Prensa*, Buenos Aires, 27 de mayo de 1962.
GUASTA Eugenio, «Dos juicios sobre La Furia», *Sur*, n° 264, Buenos Aires, mayo-junio de 1960.
JACKSON Rosemary, *Fantasy. Literatura y subversión*, Buenos Aires, Catálogo Editora, 1981.
MOI Toril, *The Kristeva Reader*, Nueva York, Columbia University Press, 1986.
Teoría literaria feminista, Barcelona, Cátedra, 1988.
MOLLOY Silvia, «Silvina Ocampo. La exageración como lenguaje», *Sur*, n° 320, Buenos Aires, septiembre-octubre de 1969.
OCAMPO Victoria, «Viaje olvidado», *Sur*, n° 35, Buenos Aires, agosto de 1937.
PEZZONI Enrique, «Silvina Ocampo : la nostalgia del orden», in Silvina Ocampo, *La Furia y otros cuentos*, Madrid, Alianza, 1982.
El texto y sus voces, Buenos Aires, Sudamericana,1986.
SÁNCHEZ Matilde, «Introducción, prólogo y notas», in *Las reglas del secreto*, Buenos Aires, Fondo de Cultura Económica, 1991.
TODOROV Tzvetan, *Introducción a la literatura fantástica*, Buenos Aires, Editorial Tiempo Contemporáneo, 1970.
TOMASSINI Graciela, *El espejo de Cornelia : La obra cuentística de Silvina Ocampo*, Buenos Aires, Plus Ultra, 1995.
ULLA Noemí, *Encuentros con Silvina Ocampo*, Buenos Aires, Plus Ultra, 1982.
WOOLF Virginia, *Un cuarto propio y otros ensayos*, Buenos Aires, A-Z Editora, 1993.

DEFORMACIONES DE LO REAL EN LOS CUENTOS DE SILVINA OCAMPO : DEL ESTEREOTIPO A LA INQUIETANTE EXTRAÑEZA

En los relatos de Silvina Ocampo lo real sufre distorsiones de diversos órdenes : de la conjunción del horror y el humor surge un universo de dimensiones grotescas, emparentado con lo carnavalesco y la menipea. El horror, por su parte, se manifiesta a través de motivos chocantes tales como el cadáver, el crimen, los cuerpos deformes o lisiados. En cuanto al humor, lo advertimos en el recurso al chiste, la parodia y la sátira. Esta última socava los fundamentos de la ideología burguesa exhibiendo su cursilería y sus clichés. Pero también hay cuentos donde lo real no está directamente hipertrofiado según la estética de lo grotesco sino más sutilmente torsionado por la inquietante extrañeza. Ésta se desprende principalmente del motivo del doble, de situaciones desconcertantes o contradictorias sugeridas por el discurso o la conducta de los personajes, o de acontecimientos francamente inexplicables por las leyes de la razón.

Me detendré aquí en la inquietante extrañeza y trataré de relacionarla con la dimensión estereotipada que, siendo otra vertiente de la deformación de lo real, rige la aparición en la superficie textual de las unidades fijas - dichos, lugares comunes, metáforas lexicalizadas, etc. - o clichés. Me referiré en particular a cuatro cuentos de *La Furia*... sobre los que no he trabajado con anterioridad[1] y que me permitirán, espero, ilustrar lo que podría llamarse la anamorfosis de la realidad o, para decirlo con la crítica

---

[1]. Para el análisis de la estética de lo grotesco en otros cuentos de Silvina Ocampo de *La Furia*... y otras antologías, véase Mónica Zapata, «L'esthétique de l'horreur dans les récits courts de Silvina Ocampo», Tesis de doctorado, Université de Toulouse 2.

Patricia Klingenberg, el «espejo infiel»[2] que opera en el universo de Silvina Ocampo.

El estereotipo y la inquietante extrañeza proponen, cada cual a su manera, una distorsión de la realidad objetiva. De las diversas aproximaciones al estereotipo retengo la teorización propuesta por Daniel Castillo Durante, para quien el estereotipo cumple una función estructurante en el discurso :

> Une fonction régulatrice des discours est ainsi attribuée au stéréotype [...] ; elle serait de l'ordre d'une *métatopique*. Placée entre le topique et la rhétorique – telles que comprises par Aristote –, cette fonction serait capable d'intégrer dans un même mouvement dialectique les réservoirs du déjà dit – clichés, proverbes, maximes, refrains, divers syntagmes figés, métaphores lexicalisées, etc. – et les agencements d'une économie topique des discours. Le stéréotype développe, dans cette optique, une sorte de force centripète à l'abri de laquelle il se dérobe tout en absorbant l'Autre comme emprunt. L'Autre se reporte ici au clivage du sujet qui se voit de la sorte escamoté. Le stéréotype bouche le vide qui découvre le caractère fondamentalement scindé du sujet parlant. [...] Dans ce sens, le syntagme figé (cliché ou autre) ferait office d'instrument anamorphique, c'est-à-dire de déformation (anamorphose). L'effet d'anamorphose du stéréotype ressortirait ainsi à une éclipse du vrai au profit du vraisemblable. Là s'inscrirait du reste le processus de la copie dont il est le premier à exacerber le mécanisme[3].

En cuanto a la inquietante extrañeza, no está de más aquí recordar la conocida definición de Freud :

> [...] l'inquiétante étrangeté est cette variété particulière de l'effrayant qui remonte au depuis longtemps connu, depuis longtemps familier. [...] À proprement parler, l'étrangement inquiétant serait toujours quelque chose dans quoi, pour ainsi dire, on se trouve tout désorienté[4].

Vemos entonces cómo el estereotipo y lo extrañamente inquietante proyectan de la realidad una imagen deformada, pero en sentido inverso : ahí donde el primero colmata un agujero, proponiendo una verdad que no puedo verificar por mi propia experiencia y que acepto por consiguiente como tal, preconcebida, fija, de préstamo, lo extrañamente inquietante va a crear un vacío

---

2. «El infiel espejo : The Short Stories of Silvina Ocampo», Tesis de doctorado, University of Illinois, 1981 ; «The Twisted Mirror : The Fantastic Stories of Silvina Ocampo», *Letras femeninas*, vol. 13, n° 1-2, verano-otoño 1987, p. 67-78.
3. *Du stéréotype à la littérature*, Montréal, XYZ, 1994, p. 12-13. Otros puntos de vista ya han sido examinados en Mónica Zapata, *op. cit.*
4. «L'inquiétante étrangeté», in *L'inquiétante étrangeté et autres essais*, Paris, Gallimard-N.R.F., traductions nouvelles, 1985, p. 215-216.

confrontándome a algo que en mi historia personal he conocido y para el que súbitamente carezco de explicación consciente. Si el estereotipo absorbe al Otro para integrarlo al orden de lo mismo, la inquietante extrañeza me lo revela, al escindirme. La escición, justamente, que el uno escamotea, la otra la vuelve flagrante.

Por otra parte, y esto es digno de mención cuando se trata de estudiar la economía de los relatos ocampianos, las unidades fijas – dichos, clichés, etc. – por su naturaleza de archi-conocidas, remanidas y gastadas, por su índole profunda de copia, no escapan a la lógica de la inquietante extrañeza, pudiendo transformarse en cualquier momento en fuente de desconcierto. Esto ocurre en particular en cuentos donde un rasgo de humor aparece desplazado, literalmente fuera de lugar. Baste con pensar en el sintagma leitmotif «¡Qué risa!» que se repite ocho veces en el cuento «El vestido de terciopelo» acompasando la muerte por asfixia de la señora que se prueba su vestido. O en el otro sintagma fijo «Como para no estar muerta con este día» con que culmina «Las fotografías» tras la muerte de la protagonista.

Ahora bien, como ya lo adelantara, y como Freud lo explica en su ensayo precitado (p. 236-37), el doble es uno de los factores que provocan la inquietante extrañeza. La mayoría de los críticos que han trabajado sobre la narrativa de Silvina Ocampo han observado la frecuencia con que el doble se manifiesta[5]. Me limitaré en este trabajo a dar tan sólo dos ejemplos en que el doble se conjuga al estereotipo para deformar la realidad. El primero corresponde al cuento titulado «El cuaderno». Bajo la tutela de estereotipo, el universo femenino de Silvina Ocampo se carga aquí, como en muchos otros relatos, de unidades fijas. La protagonista, Ermelina, es una sombrerera prestigiosa que se ha quedado sola en casa mientras su marido ha ido a ver un desfile militar. El mayor orgullo de esta mujer es su cama matrimonial que muestra a «sus amigas y a las amigas de las vecinas» (p. 71). Su mayor preocupación, entre tanto, es conocer el rostro del hijo que está esperando. Llega entonces de visita con sus hijos una vecina que además trae los cuadernos de la escuela de los niños.

---

5. Ver, entre otros, Patricia Klingenberg, «The Mad Double in the stories of Silvina Ocampo», *Latin American Literary Review*, vol. 16, n° 32, julio-dic. 1988, p. 29-40 ; Jesús Héctor Ruiz-Rivas, «L'écriture du double et le conte fantastique hispano-américain», Tesis de doctorado, Université de Toulouse 2, 1990 ; Noemí Ulla, «Redes de la imaginación», in *Invenciones a dos voces. Ficción y poesía en Silvina Ocampo*, Buenos Aires, Torres Agüero Editor, 1992, p. 107-125.

El estereotipo determina entonces los retratos de los personajes : sabemos de la vecina que ha pasado su embarazo en una estancia de La Pampa, donde no tenían radio, «recluida todo el santo día, haciendo solitarios» (p. 73). Los niños son «chiquitos y morenos, con las mejillas paspadas» (p. 73) ; uno se parece «extrañamente a la sota de espadas» (p. 74), el otro se asemeja a «un rey muy cabezón con una copa en la mano» (p. 74). A sus figuras se opone el dibujo del cuaderno que representa «la cara de un chico muy rosado pegada entre un ramo de lilas» (p. 73) como el que Ermelina quisiera que fuera su hijo.

El aspecto físico juega así el papel de determinante social. En efecto, los niños morenos y desatendidos («con las mejillas paspadas») en una Argentina blanca y "europea" (es la imagen del país que desde el siglo pasado, en particular con Sarmiento, se ha querido imponer) no pueden sino pertenecer a una clase social inferior, resabio del estrato indígena que se desprecia. Pero el hijo de Ermelina tiene que ser «rosado» y «brillante» con la nariz respingada, aunque la vecina opine que es «demasiado respingada» (p. 74) y que además tiene «mota, como un negro» (p. 74).

Socialmente diferenciados, los personajes se oponen también por sus ideas. Ante la incredulidad de la vecina, Ermelina hace suya una fórmula de préstamo, bajo la forma de un dicho popular : «Me ha dicho mi tía que en los meses de preñez, si se mira mucho un rostro o un imagen, el hijo sale idéntico a ese rostro o a esa imagen» (p. 73).

Y otra vez el estereotipo ejerce su tutela sobre el mundo femenino : presa de los primeros dolores de parto, Ermelina debe acudir a la maternidad no sin antes haber velado por la comida de su esposo como consta en el mensaje que le deja : «El niño está por nacer, me voy a la Maternidad, la sopa está lista, no hay más que calentarla para la hora de la comida» (p. 74).

Es entonces cuando, contra toda verosimilitud, hace su aparición el doble inquietante : tras haber anunciado al marido que «la figura que está en la hoja abierta [del] cuaderno es igual a [su] hijo» (p. 74), Ermelina llega a la maternidad y da a luz : «Entre envoltorios de llantos y pañales, Ermelina reconoció la cara rosada pegada contra las lilas del cuaderno» (p. 76).

Pero la reduplicación va más lejos todavía, quitando casi el aspecto humano del recién nacido, al identificarlo no sólo al dibujo sino también a un juguete : «La cara era quizá demasiado colorada, pero ella pensó que tenía el mismo color chillón que tienen los juguetes nuevos, para que no se decoloren de mano en mano» (p. 76).

De esta manera, al final del cuento, la extrañeza se ha amparado de la realidad gracias a la reactivación de una unidad de préstamo. El cumplimiento al pie de la letra de la profecía popular trae aparejado el surgimiento del doble y con él el desconcierto del lector.

El estereotipo y el doble rigen también la economía de «Nosotros», cuento que reactualiza por otra parte ciertos mitos referidos a los hermanos gemelos y a una cierta perversidad que anima sus conductas.

El cuento está escrito en primera persona y la voz narradora se identifica con un personaje masculino. De entrada, el narrador se presenta como miembro de «una familia pudiente y distinguida» (p. 109), despreocupado y feliz. Todas sus actividades lo señalan socialmente como producto de una oligarquía donde, no siendo indispensable trabajar, queda más tiempo libre para los juegos perversos. Así, entre su hermano Eduardo y él, la gemelidad establece que se lo comparta todo en la vida, empezando por las mujeres. De entrada también entonces, el lector es confrontado con el doble : «— ¡ Nunca te mires en un espejo !, sería una redundancia - me dicen nuestros amigos -. Lo mirarás a Eduardo que es igual a ti, para peinarte o anudarte la corbata» (p. 109).

Gracias a ese conocimiento que el narrador le proporciona desde la primera frase, el lector asistirá a los juegos del doble, de los que no será víctima sino espectador. En efecto, la inquietante extrañeza se manifiesta aquí a nivel de los personajes y en particular del de Leticia, la mujer de Eduardo. Lo que experimenta el lector es mucho más del orden del repudio o la censura que de la verdadera sorpresa o desconcierto. El doble se instala aquí en un mundo estereotipado de ricos buenos mozos, de deportes costosos y salidas «de hombres solos» (p. 111) para hacerse presa de la mujer, engañada y prácticamente violada por aquél que cree ser su esposo, con la entera complicidad de éste además.

El estereotipo se vislumbra también detrás de la imagen de una Argentina dividida y contradictoria. Al Buenos Aires rico del Hotel Alvear, aquél donde se puede tener «la ilusión de viajar por Europa» (p. 110) se opone la Patagonia «lugar ideal para un misántropo» (p. 110). Pero, por otro lado, en ese mismo Buenos Aires, tan civilizado, son frecuentes los cortes de luz, que se anuncian sin embargo en los periódicos. Es esta circunstancia precisamente la que va a facilitar el trabajo del doble posibilitando la sustitución de un hermano por el otro en el lecho de Leticia.

Finalmente la pareja de gemelos prevalece ante la de Leticia y Eduardo ya que una vez que ha descubierto la superchería, Leticia no logra que los hermanos se disputen, queda sola, mientras aquéllos se reintegran a la célula gemelar de la que no han querido o podido desprenderse.

El cuento tematiza pues uno de los mitos relacionados con la gemelidad, a saber la imposibilidad de separarse para constituirse como individuos independientes. Pero ¿ qué son los mitos sino relatos explicativos que proponen una alternativa a los misterios de la humanidad ? Y ¿ qué hace el estereotipo sino prestarnos una verdad fácil que nos libera de toda tentativa de explicación inhibiendo además cualquier tipo de experimentación ? Mitos y estereotipos cumplen socialmente e ideológicamente funciones de cohesión análogas. Conjugados en el texto con el doble, vienen a constituir el alinde de ese espejo engañoso que figuran los relatos ocampianos.

Pasemos ahora a otro tipo de cuentos donde la inquietante extrañeza procede no ya del doble sino mucho más de lo inverosímil que se torna una situación, ya curiosa de por sí, así como del discurso y del comportamiento de los personajes. En «El sótano» la situación inicial es de por sí extraña : la protagonista es una mujer que vive en un sótano rodeada de ratones. El relato está escrito en primera persona y es pues el personaje femenino quien asume la narración. Sabemos muy poco de ella, afirma tener «clientes» pero ignoramos qué tipo de trabajo realiza. Más sutilmente que en los cuentos anteriores, el estereotipo determina aquí las diferencias sociales que la narradora nos deja entrever entre ella y su entorno. Así, afirma vivir sin agua corriente ni electricidad, sin pagar alquiler, gracias a lo que sus clientes o vecinos le dan :

> Uno de mis clientes, el más jovencito, me trajo de la casa de su abuela retazos de cortinas antiguas, con las que adorno las paredes, con figuritas que recorto en las revistas. La señora de arriba, me da el almuerzo ; con lo que guardo en mis bolsillos y algunos caramelos, me desayuno (p. 85).

El desprecio que experimenta por su entorno comienza manifestándose en un alegato en favor de los ratones contra las moscas :

> Ahora advierto que estos animales no son tan terribles : son discretos. En resumidas cuentas son preferibles a las moscas, que abundan tanto en las casas más lujosas de Buenos Aires, donde me regalaban restos de comida, cuando yo tenía once años (p. 85-6).

La alusión a los ratones desencadena un proceso de degradación en el que perdemos los hitos temporales. De la aversión por los animales, la narradora pasa a la tolerancia moderada («se detienen un instante y me miran de reojo, como si adivinaran lo que pienso de ellos» ; «No me tienen miedo, ni yo a ellos» p. 86) y luego a una franca simpatía («Los reconozco y los bauticé con nombres de actores de cinematógrafo» ; «Cuando nadie me ve, guardo comida para ellos, en uno de los platitos que me regaló el señor de la casa de enfrente» p. 86). Paralelamente, aparecen indicios en el discurso de la narradora que nos hacen pensar que todo se trata de una alucinación o un sueño :

> Es extraño cómo estos animales se han apoderado del sótano donde tal vez vivieron antes que yo. Hasta las manchas de humedad adquirieron formas de ratones ; todas son oscuras y un poco alargadas, con dos orejitas y una cola larga, en punta (p. 86).

Tras la defensa abierta de los ratones («No quiero que me abandonen...» p. 86) la narración cambia de tema, evocando la demolición anunciada de la casa. Las pistas temporales se confunden y el ritmo se acelera : la demolición parece inminente.

> Frente a la puerta de la calle hay camiones de mudanza, pero yo paso junto a ellos, como si no los viera. Nunca pedí ni cinco centavos a esos señores. Me espían todo el día y creen que estoy con clientes, porque hablo conmigo misma, para disgustarlos ; porque me tienen rabia, me encerraron con llave ; porque les tengo rabia, no les pido que abran la puerta (p. 86).

La incoherencia del discurso lo vuelve inexplicable y lo confuso de la situación produce el desconcierto del lector. Todo lo dicho anteriormente por la narradora parece invalidarse por la situación de encierro que describe ahora. No sabemos cuánto tiempo ha transcurrido desde el comienzo del relato ni cuándo ha sido encerrada la mujer. A través del sintagma irónico «esos señores», que hace eco al apodo de la narradora «Fermina, la de los ratones» (p. 86), despunta otra vez el estereotipo que fundamenta la división social, viniendo a imbricarse en una sensación general de inquietante extrañeza. Ésta se acentúa al final del relato donde delirio, alucinación y sueño parecen mezclarse a través de los hechos inverosímiles que se narran :

> Desde hace dos días suceden cosas muy raras con los ratones : uno me trajo un anillo, otro una pulsera, y otro, el más astuto, un collar. En el primer momento no podía creerlo y nadie me creerá. Soy feliz. ¡ Qué importa que sea un sueño ! (p. 86-7).

La polisemia de la palabra «sueño» nos deja ante la duda : ¿ se trata realmente del estado onírico, o es más bien la realizacón del deseo que experimenta la protagonista ? Finalmente, cuando empieza la demolición, el mundo parece haberse empequeñecido : del «espejo grande» (p. 85) al que se aludía al comienzo, pasamos al «espejito» (p. 87) en que se mira la mujer. Podemos quizás sospechar que esta persona tiene un pasado de delincuente puesto que se diría que huye de la policía : «No vendrá la policía a buscarme. No me exigirán certificado de salud, ni de buena conducta» (p. 87).

Pero todo parece más bien presentarla como una marginal algo desequilibrada y sin posibilidades de integración. Su reacción final, por otra parte, lejos de ser paradójica, corrobora su despecho ante el entorno :

> Los ratones tienen miedo. ¡ Pobrecitos ! No saben, no comprenden lo que es el mundo. No conocen la felicidad de la venganza. Me miro en un espejito : desde que aprendí a mirarme en los espejos, nunca me vi tan linda (p. 87).

De esta manera concluye uno de los relatos más extraños de los que componen la antología y tal vez también, uno de los que más se asemeja a lo fantástico tal como lo practica Cortázar : no tanto por la irrupción violenta de un hecho extraño en la realidad sino mucho más por la distorsión progresiva, por la «desrealización» general que subvierte los parámetros en los que basamos nuestro conocimiento. En efecto, se parte aquí de una situación inhabitual, con la que el lector logra sin embargo familiarizarse, en particular gracias a ciertos detalles descriptivos como los adornos de las paredes del sótano, gracias también a la mención de los clientes y vecinos, a los nombres dados a los ratones, que resultan conocidos («Carlitos Chaplin», «Gregory Peck», «Gina Lollobrigida», «Sofía Loren», etc.). Van entonces añadiéndose elementos que vuelven la realidad cada vez más extraña. El lector busca explicaciones : primero podía pensar en una existencia miserable como se da a menudo en una gran ciudad ; luego, con la proliferación de los ratones, se remite al delirio y a la alucinación ; finalmente, la pérdida de los hitos temporales y, sobre todo, la alusión al encierro de la protagonista dan por tierra con todas las posibles certezas. De la contradicción («paso junto a ellos» / «me encerraron») surge francamente la inquietante extrañeza, que se prolonga hasta el final del cuento con acontecimientos inexplicables por la razón.

En «La propiedad» la extrañeza procede a la vez del discurso y del comportamiento del personaje narrador como de la sospecha que tiene el lector de que un crimen ha sido cometido. El esquema de base es sencillo : una criada que se desvela por su ama es progresivamente dejada de lado tras la llegada de un amante de esta última ; celosa en un primer momento, termina en los brazos del hombre, emocionada, cuando éste le anuncia a la vez la muerte de la patrona y el legado que ha de recibir.

De manera mucho más evidente que en «El sótano» el estereotipo reactiva en este cuento toda una serie de unidades fijas, empezando por la imagen de la mujer, obsesionada por su apariencia física :

> Bonita como nadie, yo salía esos días y bajaba a la playa, con el kimono y las sandalias puestos ; no llevaba ninguna uña sin barniz, ninguna pierna sin depilar.
> Aproveché las vacaciones, que pasaron en un abrir y cerrar de ojos, para someterme a operaciones de cirugía estética : empecé por la nariz, después fue el turno de los ojos y los senos (p. 99).

La clara sátira del universo femenino se manifiesta en el lenguaje : del deslizamiento que se opera entre «ninguna uña» a «ninguna pierna», pasaremos al uso abierto del cliché, en tanto metáfora gastada, («era bonita y rubia como el trigo» p. 100) o bien con un sentido que se aplica literalmente :

> ¡ Cuántas veces la sostuve en mis brazos, llorando porque no había bajado de peso o porque había subido injustamente, con muchos sacrificios ! Una vez me resfrié de tantas lágrimas que recibí sobre los hombros. ¡ Yo era su paño de lágrimas ! (p. 100).

Con estos procedimientos, frecuentes en Silvina Ocampo, se conforma un mundo estereotipado, cerrado sobre sí mismo y sobre los prejuicios que lo fundamentan. A las preocupaciones que comparten la criada y su patrona, que hacen de ésta casi la «esclava de su criada»[6] se añaden las imágenes idílicas con que la narradora-protagonista describe la propiedad :

---

6. Cf. Silvina Ocampo, «Las esclavas de las criadas», in *Los días de la noche*, Madrid, Buenos Aires, Alianza, 1983 y 1984.

> En esa propiedad de campo que daba sobre el mar, cuyo jardín no tenía flores por culpa del viento, pero toda suerte de cascadas, de grutas, de fuentes y de glorietas, vivíamos en un Edén (p. 99).
>
> No había propiedad en el continente tan bonita como ésa. Muchos huéspedes millonarios venían a alojarse y pasaban días, a veces semanas, a veces meses, en la casa (p. 99).
>
> En aquella mansión, en lugar de flores, peces rojos, que nadaban en sus peceras como Pedro por su casa, adornaban los dormitorios (p. 100).

Bajo la tutela del estereotipo los sintagmas fijos puestos en boca de la criada («vivíamos en un Edén», «como Pedro por su casa») delatan su habla coloquial y su posición social. Asimismo, en el retrato de la patrona identificamos el ideal femenino estereotipado : para ser bonita la mujer ha de ser rubia, alta y delgada («tal vez un poquito delgada para su estatura, decían el panadero Ruiz y Lagostino, el del muelle, que eran unos envidiosos» p. 100). Pero nunca estará conforme con su propio cuerpo : «Sabía que era perfecta pero se encaprichaba con la misma retahíla : gorda y flaca, flaca y gorda» (p. 100). Además, para ser una buena patrona, la señora ha de ser «buena, tanto para las visitas como para la servidumbre» (p. 99). A todo esto se añade por supuesto la riqueza y la despreocupación por lo material :

> La señora era elegante. Con verdadera pena, yo veía envejecer los trajes, los zapatos, los guantes, la ropa interior, que iba a regalarme. [...] A veces, si caía el lápiz de rouge al suelo, me lo regalaba ; si le faltaba un solo diente al peine, aunque fuera de carey, también me lo regalaba. No mezquinaba los perfumes. [...]
> Las mallas de baño, yo las estrenaba nuevecitas, porque el día que la señora las compraba ya le parecían horribles, por esto, por lo otro y por de más allá (p. 101).

Todo este bienestar de cartón piedra presenta sin embargo algunas fisuras, por las que comienza a colarse lo extraño. En el mismo ámbito del estereotipo se vislumbra la incoherencia :

> La señora me trataba bien, salvo cuando se enojaba y eso sucedía todos los días : por una puerta abierta, por un sillón colocado en otro sitio, por una basurita que había caído en un rincón, por los bichofeos que ensuciaban las sillas de la terraza. ¡ Qué culpa tenía yo ! (p. 101).
>
> Yo era muy feliz en aquella vida de abundancia y de lujo : nunca faltó vino en mi comida, ni café, ni té, si lo quería. Los remedios viejos y los postres que habían salido mal, me los regalaba para mi madre enferma, que la adoraba como yo (p. 101).

Y lo extraño se precipita – es el segundo movimiento del texto – con la irrupción del hombre en ese mundo hasta entonces regido por lo femenino. Así como Ismael Gómez, en tanto personaje, altera las costumbres de la casa, la figura del hombre va a introducir en el texto otra red de estereotipos. A la imagen de la mujer frívola y despilfarradora le sigue la del hombre calculador y económico («Ismael Gómez pretendía que cuanto más viejo era un traje o un remedio, sentaba mejor» p. 101) ; pero, sobre todo, aparece la imagen cliché del «aprovechador». Éste debe primero granjearse la confianza de la mujer, explotar su pereza, controlar poco a poco su fortuna para luego quedarse con ella. En el universo ficcional de Silvina Ocampo las figuras masculinas tampoco escapan a la sátira, como se comprueba a la lectura del cliché, puesto en boca del personaje : «¡ Ya ves lo que es la vida ! No quiso ser mi novia y ahora es *la novia de la muerte*, que es menos alegre que yo» (p. 103, mi subrayado).

Veamos ahora como lo extraño se apodera de la situación. No parece curioso, tratándose de un cuento de Silvina Ocampo, que el elemento perturbador sea la comida, y en particular los postres. Ya sabemos cómo las mesas puestas con esmero, los platillos servidos y las bebidas que los acompañan merecen descripciones minuciosas[7]. Acá, la estrategia de Ismael Gómez, que podemos suponer criminal, consiste en lograr primero que se cambie de régimen alimenticio : «Las comidas también cambiaron : me obligaron a preparar muchos postres con crema y huevo batido, mucho merengue con dulce de leche, y yemas quemadas, que me hacían mal al hígado» (p. 101).

El hombre parece así atacar lo más preciado que tenía la mujer : su aspecto físico. Y por otra parte cabe pensar que si los efectos de la comida se hacen sentir sobre la criada («me hacían mal al hígado») también lo van haciendo sobre la señora. Pero la situación se agudiza con el cambio de cocinero :

> Las comidas cambiaron de nuevo. Enormes postres de cuatro pisos, adornados con figuras aparentemente alegres, desfilaban a diario por el comedor. Con el tiempo descubrí que esas figuras hechas con merengue rosado, que en el primer momento me parecían tan bonitas, representaban calaveras, monstruos de cuatro cabezas, diablos con guadañas, en fin, todo un mundo de cosas horribles, que mi señora no advirtió, porque no era maliciosa [...] (p. 102).

---

7. Cf. en la misma antología «La casa de los relojes», «Las fotografías» y «Voz en el teléfono» ; y en *Las invitadas*, «La boda» y «Los amantes».

La mención explícita de los decorados macabros señalan la comida como el instrumento del crimen. La sensación de inquietante extrañeza que surge en el lector, se vincula aquí directamente con el asco alimenticio, al punto que los postres resultan francamente abyectos : por su aspecto, por los sabores acumulados que evocan.

Pero la inquietante extrañeza procede también, como ya lo adelantara, del discurso que aparece en oposición con la conducta del personaje de la criada. Tras el odio que dice sentir por el hombre («yo no lo tragaba» p. 101), tras el temor de que algo grave ocurra a su patrona («Yo presentía que alguna desgracia iba a suceder en la casa [...]» p. 102) se produce en ella un cambio inesperado que la vuelve de parte de Ismael Gómez : «Me arrojé en los brazos que Ismael me tendía como un padre y comprendí que era un señor bondadoso» (p. 103).

El estereotipo, claro, no deja aquí de hacer de las suyas, reactivando la figura de la criada interesada que, ante la noticia de que la señora le ha dejado «una pequeña fortuna» (p. 103), olvida a su antigua patrona para así quedarse también en la casa. Lo cierto es que el final del cuento es suficientemente ambiguo para que no sepamos ni cómo ni cuándo murió la señora, así como tampoco cuáles eran los verdaderos sentimientos de su criada. Las grietas que detectábamos en el mundo idílico del principio se abren aquí en el abismo de lo extraño. Un último detalle, que procede de la abyección, marca el alejamiento final de la criada con respecto a su ama : «Un zumbido de moscardones llenó la sala : mujeres enlutadas rezaron. Perdí la cabeza» (p. 103).

Queda por interpretar, literalmente o no, la sensación de la criada. Podemos pensar en efecto, y Silvina Ocampo nos lleva frecuentemente a leer literalmente expresiones figuradas, que la criada sufre algo como un desmayo tras el que se encuentra en los brazos de Ismael. Pero podemos quizás relacionar ese «perdí la cabeza» con el vuelco que se produce en los sentimientos del personaje y que lo llevan a ver de otra manera al hombre. Otra vez es acá el sintagma fijo fuente de desconcierto para el lector.

No cabe duda de que la trama aparentemente ligera de estos cuentos, las ambientaciones a menudo frívolas, que hacen pensar en el entorno propio de la autora, – excepción hecha de «El sótano» – crean una sensación de naturalidad engañosa. Es lo propio justamente del estereotipo el proponer una verdad «de préstamo». Pero, constantemente surge la duda. El mismo estereotipo generador de unidades fijas se subvierte y lo que al principio aparece como una nota de humor satírico se revela como fuente de extrañeza. No hay en Silvina Ocampo cuentos fantásticos a la manera decimonónica ; tampoco, como lo señala Noemí Ulla, artificios con apariencia científica, a la manera de Bioy[8]. Sus relatos son grotescos o extraños porque deforman la realidad : exagerándola, jugando con los extremos (el oxímoron se constituye en la figura de base de estos cuentos), o distorsionándola progresivamente hasta llegar a la metamorfosis y la anamorfosis. Así como el horror y el humor son componentes claves de la narrativa ocampiana, el estereotipo y su séquito de clichés, refranes, dichos y sintagmas fijos que apuntan a la sátira, y la inquietante extrañeza, de manera más sutil – y más engañosa – que los motivos de horror conforman un universo ambiguo, un «espejo infiel» en el que preferiríamos no reconocernos, porque cuando lo hacemos no obtenemos sino el espanto.

Mónica Zapata
Université Stendhal - Grenoble 3

---

[8]. *Op. cit.*, p. 113.

L. M. Y SUS MÁSCARAS
(«LA CONTINUACIÓN»)

La real historia ficticia de la heroína-narradora es difícil de averiguar. En eso vemos que la ficción adquiere el estatuto de realidad porque no está construida como una ficción sino deconstruyéndose como la realidad siempre cambiante, dudosa, huidiza a la par que los individuos inmersos en ella, siempre problemáticos, indecisos, inciertos, torturados.

La historia de Ella-yo no deja de deconstruirse y por tanto de desorientarnos cada vez que tenemos la impresión que se anudan los hilos del relato. Existe la madre de Ella, aparece en la segunda frase de la carta-testamento, pero no se la vuelve a mentar ni siquiera cuando se trata del padre. La carta-testamento alude al padre a propósito de Elena y de lo mal que Ella se portó con Elena. El padre de Ella no le perdona a su hija que haya traicionado y humillado a Elena y la maldice. Todo pasa como si Elena fuese familia, de la familia, y sin embargo el relato le atribuye su propia casa y familia. No se puede averiguar el vínculo que une a Elena con el Padre de Ella por la parquedad del relato, muy ahorrativo y alusivo como si este tipo de detalle sobrara. Desde luego, tratándose de rescatar el honor de Elena, sobran los detalles porque la historia es demasiado conocida, la historia implícita, heredada, geológica no necesita y no puede ser aclarada: todos sabemos que Agamenón sacrificó a su hija Ifigenia para conseguir vientos propicios y conducir hacia Troya su Armada. Perder a Elena equivale para la hija a atraerse la furia del padre.

Despertar la furia del hermano también es propensión histórica de las hijas que para ello están y han nacido, para realizar de alguna manera cifrada, algébrica, una historia genéticamente constitutiva. Ella-yo implacable acosa también, después que a Elena, al hermano, Hernán simbólico Hermán, simbólico Orestes, a quien humilla señalándole su vergüenza, en sus dedos manchados de tinta, genéticamente manchado él y destinado a vengarse. Conforme va cumpliendo esos mandatos, esas órdenes escuchadas desde las lejanías de la historia, Ella-yo se vuelve fría, distante, indiferente, aligerada, liberada, purificada. Si antes sufría por la sangre celosa y exclusiva que corría por sus venas, ahora empieza a conocer la ausencia de dolor en un mundo que le resulta ajeno porque ella lo ha despoblado de sus viejos, torturantes afectos. Ya puede, impunemente, quitarse la vida, porque al abandonar a las personas y las costumbres que ella quería, busca y encuentra de todas formas la muerte. Enfureciendo a su padre por la alevosía implacable de que usó para comprometer a Elena, destruye el afecto de su padre y lo pierde ; enfureciendo a Elena al revelar sus más íntimos secretos, destruye también el afecto de Elena a quien pierde. Elena se revela particularmente dócil al distanciamiento que Ella le inflige porque Elena está enamorada, como Ella, del mismo hombre que es, en el relato, el destinatario de la carta-testamento. O sea que con el distanciamiento rencoroso de Elena Ella consigue más todavía : consigue reforzar el vínculo que une a Elena con el hombre amado, consigue el distanciamiento del hombre amado. Dócil al increíble proyecto distanciador de Ella que destruye con firmeza implacable todos los afectos, Elena le roba a Ella el hombre de su vida con la tranquilidad de una conciencia inocente. Es evidente, en este caso, que el hombre amado es como París abandonando a la ninfa Enone por Elena. Así que Ella se somete a la fatalidad heredada de los desamores de que su linaje ha sido víctima desde la más remota antigüedad. Aprovechando su furia Elena la pérfida roba el amor del hombre a quien Ella quiere. Solicitado por su furia el padre de Ella la maldice y repudia deseando incluso - piensa Ella - verla muerta. Ella también decide, para liberarse, destruir el afecto del pequeño Hernán en cuya alma desata el furor de la vergüenza y del odio. Para facilitar el distanciamiento del hombre amado usa además de un recurso especial pidiéndole una suma exagerada de dinero que él no podía conseguir y pidiéndoselo con una aterradora violencia que desató en él el furor. Luego en el corredor de su casa rechaza el abrazo del amado rehuyendo la reconciliación y el acercamiento. Suscita ella misma la infidelidad ya sospechada del amado. Este período difícil de su vida se agrava con la pérdida de su empleo. La pérdida del empleo es motivo del apremio económico y también de la maldición paterna. También y no poco contribuye al naufragio de Ella su exclusiva dedicación a la literatura. Aspirada en la corriente del argumento que está tramando o, mejor dicho, que se le ocurre por una especie de fatalidad, Ella se desentiende de su entorno y deja a Elena que seduzca al amado. Podemos suponer también que por el exceso de su pasión literaria pierde su trabajo. El entusiasmo de la escritura confluye en ella con el obstinado empeño de destruir los afectos y romper las ataduras. Pero también permite el relato pensar que la ausencia de exceso en el amor de los demás es causa de que ella se compense y alimente con su rico y providencial argumento. Lo que a Ella, en definitiva, le enfurece es la tibieza del amor del amado, su falta de interés por ella, su incomprensión, el desprecio que él manifiesta por sus gustos y sus inclinaciones : la literatura, las flores, la música. «Te aborrecí porque me amabas normalmente, naturalmente, sin inquietudes, porque te fijabas en otras personas».

Podemos suponer que lo que más desea Ella desatar es la furia de los prójimos más queridos : enloquecerlos, enfurecerlos hasta que la odien, la traicionen, la maldigan, la quieran ver muerta. Ella, la Furia, es quien introduce la furia en el corazón tranquilo e inocente de los seres más cercanos y familiares. Enloquece, enfurece al padre y al amado (¿ al padre amado ?) valiéndose de Elena en ambos casos, de Elena la manzana de discordia. Sólo con Hernán actúa sola. Pero es el último día. El último de los tres días en que queda encerrada en su cuarto, repudiada, ignorada de todos, hasta de la gente que no pertenecía al círculo íntimo. Al encender el furor en Hernán ella queda definitivamente libre. Sale de casa, del clan, de la familia. Está liberada, libre de entregarse a su argumento. Sin que ningún afecto mundanal se quede por medio, estorbando su ligereza. Este despego decidido sin énfasis se realiza de manera progresiva, calculada, ordenada, por eliminación gradual de los afectos. De igual modo hubiese Ella matado. En todo caso el despego planificado en una ocasión se compara con un crimen. Cuando Ella le pide dinero al hombre amado de tal forma que su exigencia llegue a romper el lirismo de la relación amorosa, nos informa que de igual modo le hubiera clavado un puñal o quemado los párpados con un hierro candente. Destruir un afecto por lo tanto se asemeja a un crimen. Esta racha de crímenes tiene por origen el despecho de Ella al notar que él no la quiere con furia sino normalmente. También nos deja el relato sospechar que la razón primera es la furia amorosa de una mujer celosa que sospecha la infidelidad del hombre amado y la traición de Elena.

Pero hay más porque, en realidad, todo empieza por y con la literatura, en el mes de enero, cuando a ella se le ha ocurrrido el argumento y empieza a escribir con entusiasmo, y se desentiende del mundo en torno y en especial de la pareja amorosa que empiezan por esa fecha a constituir el hombre amado y Elena. Con lo cual es obvia la coincidencia entre todos esos acontecimientos que no son más que uno : la entrada en escritura de la heroína, la conciencia que toma, a pesar de su prudencia retórica, de la infidelidad del amado y de la traición de Elena, la decisión de ir suprimiendo los afectos que la vinculan al mundo, a la familia y a la sociedad. La sangre celosa y exclusiva que corre por sus venas es responsable del escarnio. Esta sangre es la del abuelo paterno que la lleva a todos esos criminales extremos. La historia se convierte en un ciclo fatal de venganzas a sangre fría, sin compasión ni remordimiento. El mecanismo de la venganza se vuelve tan ineludible como el de la escritura. Conforme Ella va matando los afectos que la ligan al mundo, va cambiando la vida en el mundo real por la vida en el mundo imaginario de su argumento. Pero esto último forma parte de su venganza : escribir es obedecer la voz de la sangre celosa y exclusiva del antepasado paterno. Si hemos podido admitir que en torno a Elena, la más bella mujer aquea, se organizan los temas fuertes de un furor secular, y si a esos temas fuertes nos tomamos la libertad de darles nombres borrosamente evocadores como Agamenón, Menelao, París, Ifigenia, Orestes, Electra... surge resuscitada la sangre celosa y exterminadora de los Atridas, los descendientes del sangriento y determinado Atreo, padre de Agamenón. La que está hablando, entonces, es nieta, por la violencia exterminadora de sus sentimientos, del terrible ancestro. Su método sin embargo es más sutil y civilizado. No extermina a las figuras familiares matándolas sino suscitando en ellas un odio tal que son ellas, las familiares figuras, quienes simbólicamente la matan permitiendo que se quede harta de desprecio y libre de parentela. Quitarse la vida para Ella no tiene ya sentido porque las figuras familiares se la tienen quitada. Sólo en este estado de maldita, excluida, odiada y olvidada puede Ella entregarse a esa otra vida de la literatura. Así es como el ser viviente necesita amor y el ser escribiente necesita odio para no padecer la tentación de volverse hacia el mundo de los vivos.

    El ser escribiente necesita ser odiado, desamado y olvidado por las grandes figuras de la parentela : el padre, Elena, el hermano o la colectividad de los hermanos (hermandad o hermanía) criptada bajo Hernán - Hermán - Germán, y, por fin, el compañero erótico. Este último es el de más difícil distanciación. Su infidelidad sospechada desencadenó, sin embargo, todo el proceso de liberación. Pero esta infidelidad es un ingrediente problemático, tal vez inventado. La mítica Elena aparece en el relato en el momento más oportuno cuando a la heroína se le ocurre escribir el argumento de misterioso origen. Comienza ella a escribir con entusiasmo los primeros párrafos y en este momento preciso empieza la dudosa historia de una traición de amor. ¿ Quién es Elena ? ¿ Cuáles son esos íntimos secretos cuya revelación indiscreta es motivo de rubor y humillación ? ¿ Por qué el padre de Ella toma el partido de Elena hasta el extremo de maldecir a la hija y desear su muerte ? Todo esto tiene el perfume obstinado y molesto de una historia de familia o de familias. Sin embargo la familia aludida no es una. Queda evocada la familia y la casa de Ella donde Ella tiene su cuarto. En la familia de Ella el que más cuenta es el padre que se repercute en el daguerrotipo viejo del abuelo, luego Hernán que sólo tiene doce años, luego la madre aludida una vez sólo pero en la segunda frase del relato, lo que le confiere más importancia, y quien, por lo visto, queda preservada de la furia distanciadora de la hija. Luego está la casa de él, con el cuarto que él ocupa : es una casa con patio, corredores y vecinos. Y finalmente la casa y la familia de Elena. Esas tres familias quedan relacionadas. El padre en seguida se entera de lo sucedido en casa de Elena y no le perdona a su hija el haber revelado íntimos secretos de Elena, secretos que, por lo visto, la propia familia de Elena no sabía. En cuanto al hombre amado tiene la posibilidad de hablar con la familia de Ella : la madre y Hernán, lo que deja suponer un sutil y callado entramado familiar.

Sin embargo nos acosa una sospecha. Nada finalmente permite afirmar que si el padre maldice a su hija es por su conducta alevosa en casa de Elena. Esto sólo se induce de la conexión sintáctica entre dos acontecimientos : la revelación de los secretos íntimos de Elena y el furor del padre. También puede ser que el padre desee ver a la hija en la tumba por otros motivos que son más explícitos y triviales : Ella perdió su empleo, malogró sus estudios y vendió a escondidas unos de los mejores libros de la biblioteca paterna, seguramente por el mismo motivo que le hizo pedir dinero al amado. Sobre la cuestión del empleo perdido no conocemos detalles, pero es asunto escandaloso que contribuye a aislarla y favorece su plan de definitivo apartamiento del mundo. El entramado familiar tiene un olor a escándalo : Ella rompe con los cánones de la buena educación y de la sociedad hipócrita y refinada que la rodea. Por lo visto el padre le tiene mucho miedo al escándalo y también el amado, cuidadoso del qué dirán. Cuando Ella les empieza a contar el argumento de su cuento a sus amigos, ellos, bajo varios y fútiles pretextos, rehuyen su compañía. Hasta la indiferencia del hombre amado por todo lo que a ella realmente le interesa : la lectura, las flores, la música y la creación literaria, deja suponer que Ella es de por sí un ser asocial, amoral, diferente, asombroso, escandaloso.

Pero si no hay ajuste posible entre Ella y las familias, también puede ser porque Ella furiosamente revela o señala los escándalos dormidos y ocultos de las familias decentes, preocupadas de honor y humanismo. En este sentido Ella es, como las Furias de la Antigüedad, la que castiga las faltas cometidas en el seno de las familias. Primero sirve para revelar las mezquindades y los egoísmos de esa gran familia que es la sociedad, y de unas figuras fundamentales del tejido familiar y social : el padre, el amante, la amiga. Todo el relato sirve para denunciar los fallos del padre que la maldice, del amante y la amiga que la traicionan. Pero la organización interna de los párrafos deja suponer además que el padre, conforme con el programa mitogenético de Elena, tiene algo que ver con los íntimos secretos de la amiga. Elena resultaría ser la que le quita obstinadamente a Ella el amor de los varones de más prestigio : el padre, y su figura convencionalmente sustitutiva : el hombre amado.

La sospechosa benevolencia con la que Ella trata a la figura de la madre, única figura fuerte del clan familiar sobre quien no pesa el desprecio de la hija, se contrabalancea con el amor-odio de la hija por Elena, la mujer tan bella como infiel y traidora de la Antigüedad pagana. La madre incólume del relato, tan principal en cronología textual como ausente de la historia, se disuelve para resucitar mágica y oportunamente en el mes de enero, en la isla, al tener Elena aquel desmayo que le proporciona a la heroína el argumento de la infidelidad del amante a la par que el argumento de su narración proyectada, donde se cuenta la extraña resolución de Leonardo Moran tan parecida a la extraña resolución de Ella-yo. Leonardo Moran es así la figura invertida de la heroína narradora de la misma manera que Úrsula es la otra cara del amante, su imagen en el espejo de la literatura. Del mismo modo se invierte la madre, quien queda a salvo de la venganza, en la figura de Elena, prototipo de la mujer divinizada e inmortal congénitamente expuesta a ser infiel y traidora, manzana de discordia y mítica causa de las peores y más crueles guerras clánicas. Todas esas inversiones que conciernen el género o el contenido sémico son inversiones radicales : de la madre en Elena, de la narradora en Leonardo Moran, del amante en Úrsula. El desmayo de Elena en la isla constituye un posible tema mitológico donde se representaría una de las múltiples maternidades de Elena. El inexplícito desmayo, origen argumental de la sospecha de traición e infidelidad, forma parte de este fondo de secretos sin el cual Elena no sería casi nada. Revelar los secretos de Elena equivale a destruir su figura que apenas tiene existencia sin ellos. Haciéndonos copartícipes de la empresa aniquiladora quizás revelemos uno de esos íntimos secretos de Elena. Si la escritura se niega a profanar directamente a la figura de la madre (no tiene esos escrúpulos con el padre) lo hace reiteradamente con el simulacro de Elena, mecanismo sustitutivo que denota perfidia. También debemos pensar que la carta-testamento dirigida al amante, acompañada de algunas muestras (la mayoría de los párrafos copiados han sido rotos) del talento literario de una, *es* una carta-testamento dirigida al padre. La disimulada figura de un padre mirando a la hija pequeña dormir constituye un tácito, casi invisible contrapeso al odio acumulado contra la figura plenipotenciaria. Las tres figuras más notables del padre, la amiga, el amante, se completan especularmente de dos en dos :

    el padre / el amante
    la madre / la amiga Elena...

y luego de tres en tres :

    el padre / el amante / Úrsula
    la madre / Elena / Leonardo Moran.

Esto último sorprenderá si se tiene en cuenta que L. M. es el doble invertido de Ella-yo. Pero teniendo en cuenta una información prodigiosa del texto según la cual el personaje tan cautivador para Ella de L. M. es realmente un vientre materno rico y nutritivo, un vientre inspirador, se nos hace claro que la madre incólume y principal de la segunda frase del cuento reaparece oscuramente traidora y profanada en Elena y simultáneamente se diluye placentera, generosa, amorosa en Leonardo Moran.

    Leonardo Moran : e, a, r, d, m, r, a ; maadrre
    o si queremos también : Leo maadrre
    o Leona maadrre.

Aparece en el futuro cuento no terminado de escribir la madre total de pelo leonino cuyos ojos, andares y labios enamoran. Jamás los labios del amante se les podrán parecer, jamás las manos del amante alcanzarán formas tan perfectas. Como las mujeres de Leonardo da Vinci, como Mona Lisa, como sus Vírgenes con el Niño, la madre es quien perfectamente enamora a la hija, ningún amante se le puede comparar.

Con Leonardo Moran, gozando su compañía, amamantándose de él, adquiere la heroína-narradora este fabuloso poder de despedirse del mundo, de desligarse de los intereses humanos. Como L. M. pierde Ella su empleo y destruye los últimos lazos sentimentales actuando de tal modo que su actitud violenta y descorazonada obligue a las íntimas figuras a despreciarla, rechazarla, alejarse de ella. La vida con L. M. supone desentenderse del mundo y del clan familiar íntimo para entregarse cuerpo y alma a la literatura. Esta dedicación a L. M. (la madre) progresivamente anonadora que coincide con la transformación de la heroína en narradora (narradora del cuento empezado en el mes de enero cuando Elena tuvo aquel desmayo y narradora de la carta-testamento unos meses más tarde después de dejar Ella la casa familiar, la sociedad en torno y el mundo) es la metáfora de un alumbramiento extraño, mágico : Ella, al abrigo de L. M. en quien vive como el feto dentro del vientre materno y a través de quien ve al mundo y a los seres familiares, al término de un período de varios meses y de un metódico trabajo de distanciamiento inspirado por L. M., por fin sale de casa naciendo a otra vida en otro mundo distinto del anterior. Alimentada, impulsada y alumbrada por L. M. Ella ya pertenece al mundo de la literatura. Sin necesidad de continuar el relato de la vida de L. M., de sus desventuras, de su desánimo, de su resolución, de sus modificaciones, porque Ella, nacida de L. M. como Afrodita de la mar es ya espuma marina, es ya L. M..

El cambio de sexo que acompaña la metamorfosis de Ella es por supuesto un avatar del espejismo literario y de las múltiples inversiones con las que una juega a desprenderse de las figuras familiares. Espejo de la vida, la literatura nos ofrece su reflejo, su imagen invertida. La inversión aquí toma el sentido de una negación : negación del padre, de Elena, del amante ; negación de la figura masculina de autoridad (el padre y conjuntamente el amante imbuido, convencido de su superioridad en el plano profesional y moral, en el plano del hacer y del ser) y negación de la prototípica figura femenina, seductora, traidora, que eclipsa a la heroína y contribuye a su aislamiento, a su abandono. Al portarse mal con el padre, Elena, el amante, todo el entorno social, al cometer errores profesionales y al malograr sus estudios, Ella se porta como una niña mala que desagrada a su familia y se hace malquerer. Todo ello, sin embargo, le importa un comino porque desprecia al mundo y a la sociedad. Ella es un niña ingrata y mala que abastece su rencor mirando a los otros quererse e ignorarla, favoreciendo incluso la distanciación de los otros : el odio del padre que se desinteresa de la hija, la infidelidad del amante, la traición amorosa de Elena que se aleja de Ella conforme se vincula más estrechamente con el amante, incrementando la maldad de la heroína, precipitando su aislamiento y preparando su desaparición. La maldad de la hija se invierte en complot o cabala contra ella ; la cabala contra ella se invierte en maldad y vergüenza de la hija. La máquina sentimental inversora no se puede detener. Escribir tiene este precio de maldad y condena.

Ella la Furia, la Erinia, experimenta furor por la sangre celosa y exclusiva que corre en sus venas, se enciende contra él, contra Elena. Pero también es experta en el arte de encender furor en los otros : en él quien llega a romper el respaldo de una silla, en Elena que la insulta, en su padre a quien lleva a pronunciar palabras vulgares, a Hernán cuyos ojos parecen encenderse y que sale del cuarto con la cara muy pálida. La única figura del círculo íntimo que queda a salvo de su sacro furor es, ya se ha dicho, la madre. Contra la madre Ella no se enciende ni enciende Ella en la madre el furor. Por ello podemos intuir que la relación con la madre es la de más complejidad y de más resonancia sobre la actividad literaria. Esta ambivalencia que caracteriza su sentimiento por Elena («Algún cariño me ligaba a Elena : el amor como el odio no es siempre perfecto») debe de ser más intenso en lo que concierne la madre y abarcar una porción mucho mayor del campo narrativo. Forzosamente la ambivalencia del sentimiento que la liga con la madre, al ser más fuerte será menos visible, más camuflada y clandestina, no objeto de un comentario abierto sino ocasión de una arquitectura realmente doble, tan doble que su doblez semántica no se percibe. Y la doblez sentimental o moral no se siente porque los dos sentimientos opuestos conciernen a dos personajes aparentemente distintos : Leonardo Moran y Elena. Elena le resulta cada día más irritante, más odiosa, a pesar de cierta compasión que se mezcla con el odio y lo atilda pero que no lo suprime. En cambio el amor que ella siente por L. M. es un amor total que supone no la rivalidad amorosa sino la identificación, la fusión. Ambos empiezan a escribir el argumento de su despedida a una misma hora, en un lugar parecido, tienen el mismo estado de ánimo, el mismo proyecto de suicidarse y desechar los afectos, ambos destruyen los últimos lazos sentimentales después de perder su empleo, ambos son uno y al final de la carta Ella ya es L. M..

Pero también es cierto que el paso de Ella a la escritura, o sea el comienzo de su metamorfosis por el argumento inventado, coincide con el primer atisbo de la infidelidad del amante y de la traición de Elena. Sin embargo esos atisbos son el resultado de una estrategia pérfida que consiste en esconderse detrás de la escritura para dejar al amante solo con Elena. Pero como este montaje no es nada sencillo conviene añadir que Ella escribe en la libreta regalada por Elena y que Elena, de alguna forma, la induce a Ella a escribir para quedarse sola con el amante. Resulta que la literatura que Ella escribe es el lugar en que confluyen las dos figuras antagónicas de Leonardo Moran y de Elena :

- L. M. masculino / Elena femenina ;
- L. M. objeto ideal de un amor de identificación / Elena objeto de un sentimiento ambivalente irritante que provoca, al contrario, el distanciamiento y la ruptura ;
- L. M. que se las ingenia para destruir sus lazos sentimentales con Úrsula / Elena que se empeña en el intento de reforzar sus lazos con el amante ;
- Úrsula la amada-mujer / el amado-hombre sin nombre ;
- La carta-testamento en que se transforma el relato de L. M. / la carta-testamento a que da lugar el relato inacabado de Ella ;
- el anillo que L. M. le deja a Úrsula en el fondo del sobre a modo de despedida definitiva / el cortapapel que ella le deja en herencia al amante a modo también de definitiva ruptura...

Podríamos complicar más el entramado reversible pero es inútil. Leonardo Moran y su envés Elena son el bífido motivo del deseo de escribir, del deseo de abocarse con esta locura que es la literatura : L. M. la madre fusional total en la que una se abisma al escribir, madre leonina ardiente, sexualmente completa, quien penetra con sus labios que saben mejor que los besos del amante, y envuelve como un vientre acunando al niño por venir

/vs/ Elena la rival absoluta, la mujer divinizada, genéticamente la más traidora y la más seductora, la que le quita a Ella el don y la voluntad de seducir y de ser amada, la que la convierte en Furia displicente y desangelada, en hija maldita, en mujer engañada, en ciudadana fracasada, en hermana furibunda y desalmada, en niña ingrata y asocial que no tiene más recurso que el refugio en las páginas de los libros o en las hojas de sus escrituras, rehuyendo el trato social, la compañía, la conversación, todo tipo de vida relacional.

Es notable cómo una se libra del peso insípido y estorboso de la novela familiar en la literatura. La literatura es así un mundo ajeno, infinitamente precioso, desembarazado de la parentela, de las grandes figuras estorbosas, sus amores, sus celos, sus lazos, sus triunfos, sus exigencias, sus costumbres, sus intromisiones, sus «ruidos» que interfieren penosamente con el creciente y avasallador deseo de ser Leonardo Moran. Al ser una así, por fin, «las fastidiosas predilecciones no existen ya en su corazón» ni existe por consiguiente el dolor que permanentemente infligen. En vez de luchar y sufrir por ser querida, por no ser engañada, por gustar, por ganar la simpatía, por tener éxito, en vez de experimentar despecho y odio a causa de la rival, en vez de sufrir porque todos los atributos de la feminidad los tiene Elena (como bien se sabe) y porque el trabajo de una no inspira respeto al amante ni al padre, en vez de admitir esa incomprensión y vivir a diario ese calvario, es preferible mil veces despedirse de todos y de todo. Y la despedida (este lento desarraigo, este exilio o este suicidio) sólo se consigue escribiendo esta despedida. El suicidio es el relato de la despedida. El suicidio de Ella es el relato que Ella emprende de la despedida de Leonardo Moran y su simultánea transformación en Leonardo Moran.

Según lo estipula la carta-testamento el relato de la despedida de L. M. empieza en el mes de enero: el relato de la despedida de L. M. por Leonardo Moran y el relato de la despedida de L. M. por Ella. Por lo tanto el relato de la despedida de L. M. implica como motivo obligado o co-relacionado la transformación de Ella en Leonardo Moran. Ponerse Ella a escribir es cambiarse en Leonardo Moran haciendo el relato de su despedida. A continuación - porque el relato de la despedida no puede ser indefinido - una ya no comienza a escribir su despedida sino que *es* sencillamente Leonardo Moran habiéndose instalado en aquel mundo otro, consumado el sacrificio de las legendarias, torturantes, tiránicas figuras de la novela familiar. El resorte de lo fantástico aquí reside en una estrategia implacable y cifrada: convocada la pareja arquetípica y reconocible en el pasto del recreo del Delta, una noche del mes de enero, con la doble circunstancia del desmayo de Elena y del cumpleaños de él[1], la eterna niña rebelde, ingrata, celosa y huraña que los está observando resguardándose detrás de las hojas de sus principiantes escrituras, ora mentalmente, ora por escrito empieza a destruir a los afectos y a los objetos de amor y deseo que la hacen sufrir. La pareja originaria del padre y de la madre se vuelve a poner en escena: Adán (él) y Eva (Elena) en el paraíso del Delta. Ambos pasan los días agradablemente al aire libre, nadan, reman, cómplices en sus ocupaciones, en la intimidad de su aislamiento y en el compartido sentimiento de reticencia hacia Ella. Ella mientras tanto entregada a su amor por L. M. se transforma lentamente en Leonardo Moran conforme va suprimiendo en su corazón las fastidiosas inclinaciones de su vida anterior, social y psíquicamente pre-determinada.

 La repentina decisión de luchar contra el destino social y psíquico o sea contra la fatalidad, decisión que es idéntica a la voluntad de narrar, nos hace a todos cómplices de una aventura arriesgada parecida a la muerte propia: la aventura de ausentarse del mundo. Del mundo social como del mundo privado, íntimo pero típico, que constituye el paisaje inconsciente. El mundo ajeno al que estamos invitados a viajar, en compañía de la narradora, tiene por nombre Leonardo Moran. Es un mundo fantástico porque misterioso, desconocido. El nombre de Leonardo Moran es su ilegible criptograma que deja la imaginación en suspense. La madre-buitre del recuerdo de infancia de Leonardo da Vinci tal vez sea su huésped privilegiado. Una madre inverosímil con manos de forma exquisita, con ojos que enamoran y con labios penetrantes. Una madre varonil en quien una vive alimentándose de ella, de quien una se prende de amor soñándola personaje-amante-compañero, y que una *es* al término de la tentativa literaria. Así se explica la gran tranquilidad de la narradora en el momento de concluir. Una tranquilidad llena de vacilaciones y correcciones, sin embargo, que no puede ser confundida totalmente con la tranquilidad de

---

[1]. La doble circunstancia connota el embarazo y el nacimiento que son lo propio del padre y de la madre.

la muerte. El placer y el riesgo de imaginarse muerta no obstante es el mayor incitativo de la heroína- narradora. «Me iré para siempre de este país» es el propósito vengativo de saciar a la vez un despecho vivencial y una mórbida compulsión. Hasta en su muerte proyectada sigue siendo Ella una niña insoportable. Muere para fastidiar a los demás, para quitarse de encima el peso de las figuras familiares y para saciar un deseo pansexual de vida en la muerte o sea de vida nueva, meramente imaginaria, aligerada de esos vínculos rituales y dolorosos que constituyen el inevitable entramado de la vida real.

Morir, despedirse, salir de casa, de la ambivalente cárcel de amor, fundirse en L. M., viajar al mundo andrógino y utópico, sin otros y sin Otro, de la Literatura.

Michèle Ramond

Université de Caen

EL TRAJE ARRUGADO

Uno de los cuentos que Silvina Ocampo recuerda en sus conversaciones con Noemí Ulla es «La casa de los relojes»[1] :

> «La casa de los relojes» lo tomé de la realidad, me lo contó una amiga médica. Claro, yo inventé el chico que escribía la carta. Unos borrachos habían llevado a un hombre que tiene una joroba y se la plancharon[2].

¿Cómo, a partir de un suceso a la vez horrible y trivial, se construye un cuento tan inquietantemente extraño ? Sin duda, el elemento que Silvina Ocampo subraya como invención propia - la forma de la enunciación - es importantísimo, pero, si lo examinamos con atención, el relato se revela como un precioso mecanismo de relojería cuyo funcionamiento podría indicar algunas de las constantes de la escritura ocampiana.

El cuento tiene la forma de una carta que un niño de nueve años escribe a su maestra contándole un recuerdo de sus últimos días de vacaciones. Los tres primeros párrafos constituyen una introducción epistolar que precisa las condiciones de la enunciación. La carta-relato se da como la respuesta a una solicitación epistolar : «¿ Me pregunta qué hice en los últimos días de mis vacaciones ?», el cumplimiento de una promesa del buen alumno a su maestra, y, a la vez, un ejercicio escolar : «Ya que me ha distinguido en sus clases con mis composiciones, cumplo con mi promesa ; me ejercitaré escribiéndole cartas». Este incipit parece anunciar un relato banal del tipo de las composiciones que los maestros suelen pedir a los alumnos al comienzo del curso. Sin embargo, el

---

1. Silvina Ocampo, *La Furia y otros cuentos*, Madrid, Alianza-Tres, p. 59-64.
2. Noemí Ulla, *Encuentros con Silvina Ocampo*, Buenos Aires, Editorial de Belgrano, Col. Diálogos, 1982, p. 72.

segundo párrafo, que describe la circunstancia inmediata de la redacción, empieza a sorprender al lector con la descripción de algunos detalles "crudos" y aparentemente incongruentes : «Le escribo mientras ronca Joaquina. [...] porque tiene carne crecida en la nariz [...] la perrita Julia [...] llora cuando entra luz de luna por la ventana». Estas leves incongruencias, que en un primer momento atribuímos a la torpeza infantil de la escritura, siguen en el breve relato de la excursión a la laguna de La Salada : «Es muy lindo bañarse. Y me hundí hasta las rodillas en el barro». Si bien «juntar hierbas para el herbario» parece muy propio de un buen alumno, la colección de huevos de pájaros suena algo raro. Por eso, cuando el niño anuncia que se divirtió mucho más todavía en «la fiesta que dio Ana María Sausa para el bautismo de Rusito», el lector empieza a esperar algo. Pero la primera descripción de la fiesta es totalmente convencional... salvo que se precisa que «no hicieron chocolate» (bebida tradicional en esas circunstancias) por motivos algo peregrinos.

Así pues, esta introducción se presenta como el comienzo diferido de un relato cuyo carácter dramático el lector no puede prever, pero que lo coloca en un ambiente convencional y liso, donde apenas se dejan notar leves fisuras por donde, imperceptiblemente, empieza a distilarse una indefinible inquietud.

Entramos en el cuerpo del relato con la presentación de un personaje cuyo nombre se repite abundantemente y cuyas características llaman la atención. Estanislao es nombre polaco que significa "gloria eminente", es altisonante y exótico, y parece anunciar un personaje fuera de lo común. Romagán reune el campo semántico de Roma con un segmento "magán" que gira en torno a "maga/mago", incluso podemos observar que Romagán es el anagrama de Morgana, la hechicera de las leyendas célticas. Estanislao Romagán es relojero, lo cual no es anodino : se trata de una actividad ligada al paso del tiempo, y por ende a la muerte, y también a una habilidad algo mágica y demiúrgica (Dios es el gran relojero) ya que es capaz de «componer» un mecanismo roto, o sea de resucitar el movimiento. Además Estanislao «se especializaba en despertadores». Por otra parte el relojero es un artista ya que produce músicas y movimientos extraordinarios, por eso el niño admiraba y quería al relojero. Para rematar el retrato de este personaje fuera de lo común se añaden su diformidad y la extraña casa donde vive : «... en los altos de esta casa vivía en esa casilla que yo llamaba la Casa de los Relojes, que él mismo construyó y que parece de perro». La casilla construída en los altos de una casa recuerda extrañamente esos relojes que figuran una casita de madera de donde sale un pájaro para cantar las horas, como si Estanislao viviera en un reloj dentro de la casa.

La joroba es, naturalmente el atributo definitorio del personaje, y el que va a desencadenar el suceso del cuento. Todo el mundo conoce las creencias populares en torno al jorobado : trae buena suerte al que le toca la giba. Es lo que hace Joaquina, con su descaro popular, y, jugando cínicamente con las palabras, declara que Estanislao, al tener giba, tiene la suerte encima. Esta manera de jugar cínicamente con las palabras - tan propia de los cuentos de Silvina Ocampo -, subrayada por la desaprobación moral del narrador, anuncia solapadamente el drama final. El elemento desencadenante será el traje arrugado que Estanislao «desenterró» para la fiesta ; en torno a esta prenda se acumulan los signos nefastos o inquietantes : el baúl (ataúd), los tres pares de zapatos ajenos (que seguramente pertenecieron a un difunto), el pelo lustroso y negro. Así ataviado Estanislao resulta casi presentable : bastaría con disimular su giba. Es lo que sugiere, con cariño, la madre.

Ya están listos todos los ingredientes del drama que va a desarrollarse inexorablemente en el ambiente de una alegre fiesta casera. Tan cínicamente como Joaquina, el niño declara : «La fiesta fue divina. El que diga que no es un mentiroso». Cursilería infantil que introduce una descripción de la fiesta de idéntica tonalidad y que, retrospectivamente, en segunda lectura, nos aparece como una mezcla indefinible de inconsciencia y de cinismo cruel - otra peculiaridad de la escritura ocampiana. El ambiente de la fiesta es el de una alegría convencional, fomentada por la buena comida y, sobre todo, la buena bebida cuya preparación corre a cargo de Pituco, personaje sin importancia en el relato pero cuyo apodo es significativo del ambiente : «Señorito, niño bien, elegante»[3]. Todo el mundo bebe mucho, empezando por el niño narrador que, a pesar de su corta edad, se las arregla para «beber el contenido de tres copas, por lo menos». Por eso, cuando uno de los invitados le hace beber una copa de licor fuerte, el lector puede imaginar su estado. Esta iniciación a la bebida,

---

[3]. Paul Verdevoye y Héctor Fernando Colla coordinadores, *Léxico argentino-español-francés*, Madrid, Col. Archivos, Investigaciones y Repertorios Lexicológicos, n° 1, 1992, p. 199.

tradicionalmente considerada como iniciación a la hombría («Así serás un hombre») interviene previamente a la escena de mutilación que luego presenciará el niño : proceso que evoca ciertos rituales sacrificiales.

Cuando Estanislao toma parte en la fiesta, el ambiente ya se ha calentado bien y la gente muy animada lo recibe y agasaja como el rey de la fiesta. Su empeño en disculparse por llevar un traje arrugado va a ser fatal : llama la atención de la gente sobre una anomalía social, pues para las fiestas la gente viste sus mejores ropas, bien limpias y bien planchadas. De esta manera el personaje se señala como un ser anómalo socialmente, lo que redobla su anomalía física. Hay que observar además que el traje arrugado es un equivalente del cuerpo jorobado : de ahí la terrible asimilación que hará Gervasio Palmo queriendo alisar a la vez el traje y el cuerpo de Estanislao. Este es un ejemplo del funcionamiento del lenguaje en los cuentos de Silvina Ocampo : el desplazamiento de sentido de una palabra o una expresión que, por su recurrencia, adquieren de pronto un poder mágico, generalmente maléfico, que desencadena el drama y la muerte. La escritura desvela y pone de manifiesto los sentidos ocultos de las palabras, desvirtuadas por el uso convencional, desatando su temible eficacia. Como si volviera conciente lo inconsciente del lenguaje.

Con el generoso ofrecimiento de Gervasio Palmo («Vamos a planchártelo ahora mismo en mi tintorería») empieza el último acto del drama, como si fuese el mejor agasajo para el rey de la fiesta. El entusiasmo, la alegría, el baile y la música que acompañan la procesión evocan un desfile carnavalesco con su rey bufón. Sólo la madre, personaje compasivo desde el comienzo, barrunta algo peligroso en esta peregrinación y trata de retener al niño, que no le hace caso, excitado por la bebida y el ambiente permisivo de la fiesta.

La tintorería, a pesar de que le gusta al niño, se describe inmediatamente como un lugar inquietante, lleno de objetos peligrosos evocados antes de que la comitiva llegue a la puerta. Ninguno de esos objetos sorprende, salvo, quizás, la «pecera con peces colorados» que termina la enumeración. Este objeto que volvemos a encontrar en varios cuentos («La propiedad», «La furia», «La casa de azúcar») aparece siempre como de mal agüero, lo cual, según Susana Martínez Robbio y Cristina Andrea Featherston, está relacionado con creencias populares argentinas : «Los peces son, entonces, un elemento conocido como lugar común dentro del saber popular argentino y, en los cuentos en que aparecen, se instala lo nefasto»[4]. El nombre de la tintorería LA MANCHA llama la atención: en su sentido más obvio se refiere a la actividad de limpieza propia de este comercio, pero, retrospectivamente, se puede evocar el sentido moral de la palabra, pues evidentemente el nombre no ha sido elegido casualmente. En este lugar está Nakoto, el japonés dueño de la pecera, personaje temible por su aspecto y sus actos, como lo deja entender el niño: «Una vez me regaló una plantita que murió en dos días». El aspecto, la influencia aciaga del personaje, y su relación con los peces colorados hacen de él indudablemente una figura diabólica, y no es de extrañar que sea el oficiante del sacrificio del jorobado, ya que es el socio de Gervasio Palmo, el inventor del «planchado». A medida que el narrador describe la escena, el lugar se va volviendo cada vez más angustiante, hasta transformarse en una antesala del infierno con sus máquinas de torturas, el calor sofocante del vapor, los olores insoportables del amoníaco y de los ácidos. La visión del niño se enturbia, dando la impresión de vértigo y de náuseas, los personajes presentes se transforman en peleles desarticulados, todo gira como en una percepción de borracho a punto de perder el conocimiento, hasta que el niño se pone a vomitar y pierde el sentido. La escena que había empezado como una broma cambia rápidamente de aspecto y se vuelve una diabólica «operación quirúrgica» entre las risotadas de Estanislao. El niño narrador no ve realmente la operación, la percibe indirectamente, quizás porque, al ser más pequeño, no alcanza a ver detrás de los mayores, o porque, al descomponérsele el cuerpo bajo el efecto del alcohol y del ambiente asfixiante, se le nubla la vista. De todas formas no puede ver la escena, ni puede darla a ver al lector, porque se trata de una escena prohibida, por exceso de horror, sin duda, pero también porque se identifica, en el inconsciente del niño, con otras escenas prohibidas.

Hemos alcanzado el punto clímax del relato y hemos de detenernos un instante para tratar de entender cómo se las arregla el narrador para narrar lo innarrable, para hacer soportable al lector lo propiamente insoportable. Indudablemente se trata de una característica fundamental de los cuentos de Silvina Ocampo, y que mucho tiene que ver con la enunciación, o, más exactamente, con la función narradora

---

[4]. Susana Martínez Robbio y Cristina Andrea Featherston, «La subversión de lo marginal en *La Furia* de Silvina Ocampo», en este volumen.

en la medida en que este concepto es más abarcador de lo que podríamos llamar la manera de contar un suceso : formas del narrador y del narratario, formas del relato y del lenguaje. Ya observamos, en un principio, que en este cuento el narrador se identifica con un niño de nueve años, sin nombre, salvo las iniciales «N. N.» que firman la carta. Este niño se define a sí mismo como un buen alumno, cuyas composiciones había distinguido la maestra, e incluso, al final se otorga el título de «discípulo preferido». El narratario se identifica pues con el personaje ausente de la maestra, destinataria de la carta. La forma epistolar sólo es evidente en las fórmulas iniciales y clausurales, y también en unas cuantas expresiones de tipo dialogal que subrayan la relación interpersonal : «usted sabe ; sabrá ; ¿ usted recuerda ? ; ¡ Quién sabe si ni lo ha olvidado ! ; usted no me creerá ; a mí me parece... ¿ a usted no, señorita ? ; ¿ no le parece, señorita ? ; aunque usted no lo crea (2 veces) ; ¿ no le parece, señorita ? ; ya ve que progreso en mi vocabulario ; siguiendo sus enseñanzas, señorita ; usted sabe que tengo... ; cuando lo sepa le escribiré otra vez». Por lo demás, el cuento tiene la forma de un relato tomado a cargo por una primera persona, donde se intercalan breves diálogos entre diversos personajes.

La relación narrador / narratario se proyecta pues en una relación alumno testigo / maestra ausente, o sea que el narrador posee un saber inferior al de su destinatario, y el lector, que se identifica con la maestra, sabe que tiene que interpretar la percepción del niño, ya que a éste se le escapan ciertas cosas que, por su edad, no puede comprender. El lector está en situación de tener que interpretar las informaciones transmitidas por el narrador, sabiendo que éste no está capacitado para hacerlo debidamente. Así por ejemplo, en la escena clímax del «planchado», el lector se imagina que le están haciendo cosas horribles al jorobado sin que el narrador haga más que sugerir, a través del entorno (olores, planchas, amoníaco, ácidos, agitación, mareo, vómito, desmayo), la escena cuya descripción directa es moralmente imposible. De la misma manera, al final del cuento, el niño dice : «No volví a ver a Estanislao Romagán», pero no interpreta esta ausencia como muerte. Su madre le hace el tipo de respuesta que los adultos suelen hacer a los niños pensando que no pueden comprender lo que es la muerte, el niño observa que su madre ha llorado, pero dice que es por la carpeta de macramé y el adorno que le estropearon en la fiesta : naturalmente el lector tiene todos los elementos para la otra interpretación.

El lenguaje utilizado por el niño no es "realista", en el sentido de que no se trata de dar la ilusión de que escribe realmente un niño de nueve años ; la situación narrativa puede compararse a una convención lúdica como la que establecen los niños en sus juegos : «Yo era el policía, y tú eras el ladrón». Nadie cree que eso sea la realidad, pero todo funciona como si eso fuera la realidad. ¿ Qué otra cosa es la literatura ?

Lo que sí se puede observar es que se trata de un lenguaje coloquial, no sólo por las expresiones dialogales que ya apuntamos, no sólo por el uso del voseo, sino también por el léxico, los giros y la sintaxis que dan cuenta de la manera de hablar de la clase media, convencional y cursi, en perfecta armonía con esa fiesta casera donde nunca se podía pensar que iba a ocurrir una cosa tan horrible, tan impensable. Por eso al final del cuento se corre un púdico velo de inocencia sobre el asunto, como si nada hubiese ocurrido.

Así pues la función narradora, con sus diferentes constituyentes, permite sugerir mucho más de lo narrado, abre las puertas a la imaginación del lector que puede rellenar los blancos de lo no visto, de lo no interpretado. La escritura de Silvina Ocampo no impone el horror, sugiere la probabilidad de su irrupción dentro de un mundo tan familiar, tan casero, tan conocido que ni nos damos cuenta de que está lleno de fisuras, de grietas por donde puede infiltrarse quién sabe qué.

El final del cuento es una muestra perfecta de la ambivalencia instaurada por la función narradora que hemos analizado : por una parte el narrador cuenta lo que ve y lo que le dicen, con lo cual el lector comprende que Estanislao ha muerto y que han liquidado su taller de relojería ; por otra parte vemos que el niño no sabe lo que le ha pasado a Estanislao, cree lo que le dice su madre y sigue esperando noticias de su amigo. La liquidación de La Casa de los Relojes toma un aspecto de entierro simbólico subrayado por el nombre de la relojería que viene a recoger los últimos relojes de Estanislao. Si es verdad que las Parcas son tres, y que presiden respectivamente al nacimiento, a la vida y a la muerte, cuando se habla de una Parca siempre se alude a la última, la que corta el hilo de la vida. El reloj preferido del niño «que parecía una casa de madera» recuerda la casita del jorobado en la cual estaba, como una miniaturización, una *mise en abyme* de La Casa de los Relojes.

Finalmente el niño, que no ha podido ver, y menos entender, la escena del «planchado», no ha vivido esta experiencia como una iniciación ; ha perdido a un amigo, pero no sabe ni cómo ni por qué, le queda una impresión de falsedad, de mentira, característica del mundo de los adultos al cual no se siente integrado. Es difícil no recordar, a este propósito, lo que Silvina Ocampo le cuenta a Noemí Ulla acerca de sus recuerdos de infancia, de su relación con los adultos y de su terrible aprendizaje de la muerte[5]. No es que se trate de una reelaboración de la propia vivencia, es algo más complejo que la escritora expresa con mucha lucidez a propósito del cuento «Porfiria» :

> N.U. — Sí, y yo estaba pensando si la ausencia de Porfiria no estaría asociada con alguna cosa tuya de la infancia...
> S.O. — Claro, yo trato de evitarlo y caigo en la trampa. Creo que es una trampa, porque por más que uno crea que se conoce, uno no se conoce. Cuando uno escribe, está llevado por una fuerza muy superior. Uno está en el comienzo de cualquier cosa que escriba, metido en un túnel del cual no puede salir[6].

Esta relación íntima del texto con su productor tiene su correspondencia en la relación que se instaura entre el lector y el texto : no es la misma, evidentemente, pero algo tienen que ver. El núcleo fantasmático del cuento, la escena prohibida, despertará en cada lector una experiencia diferente, irrepetible : precisamente porque es una escena en blanco, no vista, es más fácil proyectar en ese blanco sus fantasmas propios. Lo que el lector comparte con el personaje narrador es una sensación confusa de asco y de malestar que se termina en náuseas. La confusión física y mental se expresa primero en una extraña anécdota : «Un olor a amoníaco, a diferentes ácidos, me hizo estornudar : me tapé la boca, siguiendo sus enseñanzas, señorita, con un pañuelo, pero alguien me dijo "cochino", lo que me pareció de muy mala educación. ¡ Qué ejemplo para un chico !». Una vez más el niño no entiende la reacción del adulto que parece fuera de propósito : este desplazamiento, esta fisura, señalan la presencia de algo inquietante y no dicho. Podemos imaginar - no hay otro remedio - que el hombre lo trata de «cochino» porque está mirando algo que no debería mirar : la escena prohibida. No creo que sea interesante proponer una interpretación única de esta escena, precisamente porque sería pervertir la dinámica de apertura que caracteriza el texto, y cerrar el campo abierto a la imaginación del lector.

---

5. Noemí Ulla, *op. cit.*, p. 18-20.
6. Noemí Ulla, *op. cit.*, p. 58.

Lo que sí se puede apuntar, es que la comitiva ejecuta o presencia, en la tintorería infernal, un sacrificio ritual : el rey bufón de la fiesta es inmolado por el sacrificador de «dientes muy afilados». ¿ Por qué sacrificar a este ser benéfico y bondadoso ? Se trata, ya lo hemos visto, de un personaje anómalo y marginado : por su deformación física y por su modo de vivir recluído entre sus relojes en su casita de enano. Su oficio de relojero (no olvidemos que a Dios se le llama el Gran Relojero) le confiere un poder sobre el tiempo ya que compone relojes descompuestos y que además los hace funcionar a su antojo : «...era tan agradable oír las campanillas diferentes de todos los despertadores en cualquier momento y los relojes que daban las horas mil veces al día». El reloj puede llegar a ser un mecanismo complejísimo que representa el funcionamiento del universo, como por ejemplo el reloj astronómico de Estrasburgo que Estanislao le enseña el chico en unas láminas. Actividad mágica que se suma a la apariencia extraña de Estanislao, y que no es del gusto de todo el mundo, pues al padre del niño no le gusta la música de los relojes. Su condición de jorobado hace de él un ser mágico también en la medida en que trae suerte a los que tocan su giba, como si fuera un talismán. En resumen, Estanislao es un personaje *diferente* tanto por su apariencia física, como por su manera de vivir y de actuar, por eso la gente normal y corriente no puede perdonarle sus poderes mágicos. En circunstancias normales, esa gente se contenta con marginarlo, pero el ambiente festivo y la bebida levantan las inhibiciones morales : primero festejan al personaje burlándose de él y transformándole en rey bufón ; luego, pretextando una última atención (plancharle el traje arrugado), lo sacrifican. Desaparece así lo anómalo, liquidan sus restos, los hermosos mecanismos que él construía, para que nada lo rememore. El chico, que no se ha enterado o no ha querido aceptar la irreversibilidad de su ausencia, sigue esperándolo. La madre oculta su pena e impone el silencio, acatando así la ley social de la "norma".

Antes de terminar este esbozo de análisis, cabe preguntarse : ¿ qué tiene de fantástico este cuento ? Nada, por supuesto, si nos atenemos a las características de la literatura fantástica decimonónica. No hay metamorfosis, seres sobrenaturales, fantasmas, vampiros, espectros ; tampoco ocurren cosas racionalmente inexplicables ; los personajes son todos seres parecidos a los que cruzamos por la calle. Sin embargo el lector se siente invadido, poco a poco, por un sentimiento de inquietud, de angustia y finalmente de horror que sobrepasa lo propiamente narrado. El personaje narrador nos sitúa dentro de un mundo familiar, conocido, donde las cosas ocurren como en la realidad acostumbrada del lector, a pesar de las diminutas fisuras que evocábamos más arriba. El jorobado es un personaje anómalo, pero incluído en este mundo familiar donde desempeña una función. La Casa de los Relojes es particular, pero se encuentra en los altos de la casa familiar del chico. La tintorería es un lugar conocido y próximo, sin embargo, de pronto, este lugar va a volverse *unheimlich*, siniestro, inquietantemente extraño : lo sentimos desde la descripción, antes de que la comitiva llegue a la puerta. Rápidamente este sentimiento va a afirmarse y crecer cuando el lector comprende la intención de Gervasio Palmo : no se trata sólo de planchar el traje arrugado de Estanislao, sino de plancharle también la giba. Esta intención, expresada con la mayor naturalidad, como si fuera lo mismo planchar un traje y planchar una giba, abre para el lector una perspectiva horrible : los preparativos de una mutilación. La inconsciencia del narrador, que no comprende lo que se está tramando, acrecienta la angustia del lector, como si fuera la prueba de que él también va a ser víctima en alguna medida. De hecho, el chico, bajo los efectos conjugados de la bebida, de la locura colectiva, de los olores a amoníaco y a ácidos, de la gesticulación incoherente de los hombres, se cae, empieza a vomitar y pierde el conocimiento. La tintorería en ese momento se ha convertido en cámara de tortura, y el niño, inconscientemente, lo comprende : «Aquello parecía, aunque usted no lo crea, una operación quirúrgica». La expresión estereotipada «aunque usted no lo crea» toma aquí todo su sentido, está pasando algo increíble : unos hombres, normales y corrientes, se han puesto a planchar la giba de un pobre relojero.

Me parece que estamos, con este cuento, en el caso de lo *unheimlich* dentro de la ficción tal como lo describe Sigmund Freud en su célebre artículo :

> Tout autrement en est-il lorsque l'auteur semble s'en tenir au terrain de la réalité courante. Il assume alors toutes les conditions qui importent pour faire naître dans la vie réelle le sentiment de l'inquiétante étrangeté, et tout ce qui agit de façon étrangement inquiétante dans la vie produit alors le même effet dans la fiction. Mais, dans ce cas, l'auteur a la possibilité de renforcer, de multiplier encore l'effet d'inquiétante étrangeté bien au-delà du degré possible dans la vie réelle en faisant surgir des incidents qui, dans la réalité, ne pourraient pas arriver, ou n'arriver que très rarement. Il fait pour ainsi dire se trahir en nous notre superstition soi-disant réprimée, il

nous trompe en nous promettant la vulgaire réalité et en nous en sortant cependant. Nous réagissons à ces fictions comme nous le ferions à des événements nous concernant ; quand nous remarquons la mystification il est trop tard, l'auteur a déjà atteint son but[7].

En este cuento, como en otros muchos, lo fantástico nace inesperadamente dentro de un mundo familiar, despertando en el lector angustias reprimidas y olvidadas. Aquí se trata de la confusión deliberada del cuerpo y del traje : el tintorero quiere alisar la espalda abultada de Estanislao como si fuera lo mismo que alisar una tela arrugada, usurpando de esta manera una función y un poder que no le corresponden. Actúa pues como un aprendiz de brujo que emprende una operación para la cual no tiene competencia : de ahí el aspecto diabólico de Nakoto, el socio del tintorero, pues sabido es que los brujos tienen un pacto con el diablo para conseguir poderes sobrenaturales. En el ambiente familiar de una fiesta casera irrumpe de pronto una ceremonia diabólica, que hace resurgir primitivos terrores olvidados. La muerte del relojero jorobado hace de él un chivo expiatorio cuyo sacrificio tiene una función catártica para una sociedad aparentemente inofensiva, pero donde pueden producirse actos tan irracionales y crueles como ése.

La escritura de Silvina Ocampo descubre en la banalidad del individuo y de la sociedad fisuras imperceptibles por donde resurgen fuerzas reprimidas, conductas que pensábamos obliteradas definitivamente, pulsiones que la vida social obliga a dominar pero que permanecen al acecho. Quizás lo propio de la literatura fantástica del siglo XX consista precisamente en mostrar que lo siniestro, lo inquietante, lo extraño no reside en lo extraordinario, sino en lo más ordinario, cotidiano y banal, en lo más nuestro, en lo más íntimo.

Milagros Ezquerro

Université de Caen

---

7. Sigmund Freud, «L'inquiétante étrangeté», in *Essais de psychanalyse appliquée*, Paris, Gallimard, Col. Idées 43, 1971, p. 207-208.

«KEIF» OU LES MULTIPLES RÉINCARNATIONS DU TEXTE

Une des sources du fantastique chez Silvina Ocampo est le traitement narratif appliqué au temps, à la fois matière narrative et coordonnée structurante de la narration. La présente étude se donne pour objectif de dégager quelques traits originaux du fantastique chez Silvina Ocampo, dans le conte «Keif», paru dans *Los días de la noche* (1970)[1] qui met en oeuvre la conception d'un temps réversible à travers le mythe de la transmigration des âmes associé ici au thème de la métamorphose.

Le récit, pris en charge par un narrateur homodiégétique, met en scène deux personnages de sexe féminin. L'une des deux jeunes femmes, Fedora, se suicide et se réincarne sous deux formes : elle revit d'abord à travers l'amie à qui elle a légué ses biens et confié son chien / tigre Keif. (Keif est un animal désigné soit sous le nom «chien» soit sous celui de «tigre»). Elle se réincarne ensuite sous les traits d'une petite fille de quatre ans qui veut devenir dompteuse de cirque. Le personnage-narrateur du récit est identifié à l'amie de Fedora à qui cette dernière a transmis son héritage.

Un résumé rapide des principaux épisodes du texte permettra de mieux appréhender les éléments de l'analyse.

Le récit présente d'abord la première visite d'une jeune femme (identifiée au personnage-narrateur et non nommée) chez Fedora pour acheter le magnétophone que cette dernière a mis en vente par petites annonces. Au cours de cette visite, elle découvre l'existence de Keif, le chien / tigre de Fedora. La scène se passe dans une station balnéaire non-nommée, lors d'une période de vacances. Puis le récit narre la seconde visite du

---

1. Silvina Ocampo, *Los días de la noche*, Madrid, Alianza Editorial, 1983.

personnage-narrateur chez Fedora. Celle-ci lui fait part de son projet de suicide parce qu'elle a vraiment envie de «changer de vie» et qu'elle croit à la transmigration des âmes. Elle lui demande si elle accepterait de prendre soin de Keif et lui propose de lui léguer tous ses biens. Les deux femmes se rencontrent souvent sur la plage. La fin des vacances approche. Un matin, en découvrant le suicide par noyade de Fedora, son amie s'évanouit au bord de l'eau. Puis, comme prévu, elle hérite des biens de Fedora, s'installe chez elle, prend soin de Keif, change peu à peu de caractère et finit par ressembler, à s'y méprendre, à son amie. Quatre ans après, une petite fille de quatre ans, qui travaille dans un cirque, vient chercher Keif. L'amie de Fedora accepte de le lui donner.

Le temps du récit suit donc sans distorsion le temps de l'histoire. Il s'agit d'un temps familier qui règle les allées et venues, rencontres, activités et conversations de personnes en vacances dans une station balnéaire. Les personnages se donnent des rendez-vous à certaines heures de la journée, et plus particulièrement à l'aube, pour aller se baigner. Le temps quotidien est même l'objet d'une gestion particulière. En effet, les personnages ont conclu un pacte : celle des deux amies qui se réveille la première va chercher l'autre. Le personnage-narrateur sait que Fedora aime faire la grasse matinée et qu'en bonne paresseuse, elle n'a jamais le temps de rien. Elle règle ses visites chez son amie en fonction de ces critères. Les personnages organisent donc leur vie et leurs rencontres en fonction du temps des horloges et des habitudes de chacune.

Ce temps domestiqué, soumis à la mesure des journées et des heures de vacances, et qui s'inscrit dans un espace également familier (une station balnéaire) installe un cadre quotidien, facilement identifiable car il obéit aux lois prévisibles de l'univers naturel. Mais, si Fedora se soumet comme son amie à ce temps des horloges, il n'en reste pas moins que, par ailleurs, elle a une conception étrange du temps métaphysique. En effet, Fedora croit à la transmigration de l'âme après la mort et à sa réincarnation dans un autre être.

Fedora met cette conception mythique du temps au service d'un projet concret qui lui tient à coeur. Comme elle est lasse de sa vie actuelle dans laquelle pourtant elle dispose de tout (même d'une plage privée) et que ce qu'elle aime par-dessus tout c'est le changement, elle souhaite changer de vie. Cette expression banale, d'un usage courant dans son sens figuré, est employée ici dans son sens littéral : pour Fedora, «changer de vie», c'est quitter cette vie, c'est-à-dire se suicider, pour avoir accès à une autre existence et se réincarner dans une forme nouvelle. Le surnaturel naît donc de la prise au pied de la lettre d'une expression métaphorique et le fantastique, exploitant les potentialités du langage, tire son origine de la littéralité du discours figuré.

Le désir de changer de vie implique que le personnage prenne en charge sa propre mort, conçue comme un passage obligé pour atteindre un nouvel état de l'être, plus exaltant, plus conforme à ses désirs profonds. Dans cette perspective, Fedora veut que le passage prenne la forme la plus voluptueuse possible. L'action se passant l'été dans une station balnéaire, le suicide qu'elle envisage consiste en un très long bain dans la mer, qui lui permette de profiter le plus longtemps possible de «la volupté de l'eau», jusqu'à se dissoudre en elle comme un morceau de sucre :

> Adoro el mar ; siempre que me baño quisiera quedarme en el agua más tiempo del que me quedo : quedarme hasta morir. Eso es lo que voy a hacer : dejarme morir en el deleite del agua (p. 193).

En s'appuyant sur une aspiration personnelle et en la réalisant jusqu'à l'extrême limite, Fedora veut dissoudre son individualité dans le grand Tout des éléments naturels, ici l'élément marin. La jouissance de cette mort est décrite dans une très longue phrase où se multiplient les propositions indépendantes, coordonnées par la conjonction «y», qui expriment l'allongement du temps à l'infini, le dépassement de toute limite et l'ivresse de la fusion avec les éléments cosmiques. L'étirement extrême de la phrase qui traduit l'étirement extrême du temps de la baignade fait insensiblement basculer le conte du plan de l'univers naturel dans le plan du surnaturel. C'est *l'exagération* de l'étirement temporel et l'expérience-limite qui permettent le passage d'un plan à l'autre. En devenant vertigineusement infini, illimité, le temps des horloges change de nature et devient mythique :

> Seguiré bañándome hasta el mediodía, hasta la caída de la tarde. Sobrevendrá luego el crepúsculo y la noche, y volverá la aurora y la mañana siguiente, y el mediodía y el crepúsculo y la noche y la subsiguiente aurora ; y yo sentiré el cambio de las temperaturas y veré los colores del agua, conviviré con las algas, con la espuma, con el rocío, hasta el fin, cuando desvanecida, indefensa, me disuelva como un terrón de azúcar o me llene de agua como una esponja (p. 193).

Au terme de cette fusion avec le cosmos qui permet l'accès à un temps illimité, Fedora sait que son âme cherchera un autre corps pour revivre :

> [...] Entonces mi alma vagando blandamente buscará un cuerpo para vivir de nuevo. Lo encontrará en un niño o animal recién nacido, o aprovechará el desvanecimiento de un ser para entrar por el intersticio que deja en el cuerpo la pérdida de conocimiento (p. 193).

La perspective de ce renouvellement rend Fedora euphorique :

> Me dejaré morir de un modo agradable. Y después vendrá lo más divertido de todo : otra vida. ¿ Comprendes ? (p. 193).

Ces citations, dans lesquelles Fedora décrit un rêve qui est un véritable programme de "vie", traduisent une imbrication très étroite du quotidien et du mythique. La station balnéaire et les activités de plage et de baignade servent de cadre quotidien et familier au rituel initiatique par lequel Fedora entre dans le renouvellement mythique de l'existence. L'eau de la mer est à la fois espace de loisirs de vacances et élément cosmique porteur d'un temps infini. Par ce bain «interminable» dans l'eau matricielle, le personnage retourne aux origines pour recommencer une vie pleine de virtualités nouvelles. Le retour aux origines, sous la forme ici d'un *regressus ad uterum* ou d'un retour aux eaux primordiales, est la condition d'une re-naissance, «une possibilité de renouveler et de régénérer l'existence de celui qui l'entreprend»[2]. Traditionnellement, ce retour à l'origine prépare une nouvelle naissance mais celle-ci ne répète pas la première, la naissance physique. Il s'agit d'une re-naissance mystique qui donne accès à un mode supérieur d'existence.

Or ici, le retour à l'origine s'opère non seulement symboliquement mais aussi *réellement* par une immersion physique du personnage dans la mer, jusqu'à son anéantissement, sa *dissolution* dans l'élément marin. Ce retour aux origines, sous forme de noyade, qui doit donner accès à une nouvelle vie, est une mort choisie par le personnage et elle porte, en toute cohérence, un signe éminemment positif. Elle clôt un état d'être ancien et inaugure un nouvel état dont le personnage attend des émotions et une plénitude nouvelles. Tout en ayant recours à l'immersion dans la sphère mythique du renouvellement perpétuel, le personnage prend en charge sa

---

2. Mircea Eliade, *Aspects du mythe*, Paris, Gallimard, Coll. Folio Essais, 1989, p. 103.

propre re-naissance, et paraît opérer un véritable auto-engendrement en opérant une série d'actions qui constituent la trame narrative du récit.

L'autre vie à laquelle il accède, tout en étant différente de la précédente, a cependant la même structure que l'ancienne. Il s'agit d'une nouvelle vie terrestre, d'une réincarnation du même être sous une identité nouvelle, d'une variante du même. Plus précisément, il s'agit d'une double variante car le personnage se réincarne sous deux formes différentes.

C'est le personnage-narrateur qui découvre, un matin, en allant chercher Fedora chez elle, qu'elle s'est suicidée. Elle court à la mer et s'évanouit sous l'effet du choc émotif. Ayant reçu en héritage tous les biens de Fedora et la charge de s'occuper de Keif, elle s'installe chez son amie et se met à vivre, comme elle, une vie oisive où le temps s'allonge faute de contraintes. Elle fréquente les amis de Fedora, se plonge dans ses albums de famille, lit à la lumière de sa lampe de chevet, dort dans son lit, se regarde dans son miroir, utilise son peigne, son parfum, regarde le paysage que Fedora voyait par la fenêtre. Elle change de caractère et plusieurs personnes lui disent que, de loin, elle ressemble à Fedora ou qu'elle parle comme elle. Après quatre ans de cette vie très agréable, son unique préoccupation est de sentir qu'elle s'est transformée en l'autre et que l'événement a peut-être eu lieu pendant son évanouissement sur la plage. Avant de se suicider, Fedora avait exposé à son amie la théorie de la métempsycose selon laquelle l'âme du défunt ne meurt pas mais migre dans le corps d'un animal ou d'un enfant nouveau-né ou profite de l'évanouissement d'un être humain pour s'introduire dans son corps par l'interstice de la perte de connaissance. L'amie de Fedora pense que sa propre métamorphose confirme les convictions et les dires de cette dernière. Par là-même, elle accepte l'idée d'une nouvelle causalité et traite l'événement surnaturel comme s'il était naturel : elle demande à ceux qui l'ont secourue sur la plage s'ils ont remarqué quelque chose d'insolite au moment où elle s'est évanouie en découvrant le cadavre de Fedora ; elle interroge aussi le médecin.

La première conséquence du suicide de Fedora est donc la métamorphose progressive du personnage-narrateur qui perd sa propre identité et devient la version ancienne de son amie. Elle devient ce que l'autre était avant de mourir. Le présent du personnage-narrateur est à la fois la continuation et le reflet du passé de Fedora.

Mais la réincarnation de Fedora prend également une autre forme. Un jour, une petite fille de quatre ans se présente avec ses parents chez le personnage-narrateur qui est devenu le double de Fedora. Les parents expliquent qu'ils sont du cirque Amazonia et que leur petite fille veut être amazone, ou plutôt, dompteuse. Or, Fedora avait confié à son amie qu'elle aimerait se réincarner en amazone ou plutôt en dompteuse pour pouvoir travailler avec Keif. La petite fille apparaît donc comme la réincarnation de la morte, comme la réalisation d'un rêve que celle-ci avait conçu dans son incarnation précédente. La correspondance des années tend à prouver que la mort de Fedora a coïncidé exactement avec la naissance de la petite fille et invite à penser que, en effet, l'âme de Fedora est passée dans le corps de la petite amazone.

Ainsi, la réincarnation de Fedora donne lieu à deux types de doubles, à deux types de revenants : un double qui est la répétition du même et un double qui est une autre potentialité du même. Le personnage-narrateur ressemble à Fedora, parle et agit comme elle agissait avant sa mort alors que la petite fille incarne son rêve et s'apprête à vivre cette autre vie pour laquelle Fedora s'est suicidée. Dans le premier cas, c'est le même qui travaille l'autre, dans le second cas, c'est l'autre qui travaille le même. Dans les deux cas, le rêve et les paroles de Fedora avant sa mort deviennent réalité incarnée après sa mort comme s'il n'y avait pas de différence entre l'imaginaire et le réel, la parole et l'être, entre le mot et la chose qu'il désigne.

Le redoublement du double, clairement visible dans la double réincarnation du personnage, structure, en fait, toutes les instances de la narration.

Au niveau actantiel, les trois personnages du conte n'en sont *qu'un*, sous trois variantes identitaires. Pour preuve, seule Fedora possède un nom propre, les deux autres personnages / variantes n'en possèdent pas. Certes, il est normal que le personnage-narrateur ne soit pas désigné par un nom propre, bien que la présence de plusieurs passages en discours direct puissent fournir l'occasion d'une interpellation nominale. Plus significatif encore est le fait que la petite fille du cirque ne soit jamais désignée par son nom alors que ses parents parlent d'elle et *en son nom* ; quand ses parents la désignent, ils la montrent du doigt. Or, par ailleurs, les noms propres ne manquent pas : le cirque auquel appartient la fillette porte un nom, «Amazonia», (Fedora avait dit qu'elle souhaitait être «amazone» ou dompteuse) et la petite fille elle-même connaît le nom de Keif qu'elle n'a pourtant jamais rencontré auparavant.

Le personnage-narrateur s'en étonne explicitement dans un passage en monologue intérieur.

La temporalité du conte fonctionne aussi selon la structure du double redoublé. La métamorphose du personnage s'opère en deux temps : d'abord le suicide puis la réincarnation, la réincarnation s'opérant elle-même en deux temps.

La mort du personnage le fait entrer dans un temps mythique, infini, qui se recourbe en temps circulaire. La réincarnation de Fedora sous la forme de la petite fille est un recommencement, prélude à d'autres réincarnations successives. Cette succession obéit à la loi de l'éternel retour et à la conception d'un temps cyclique. Mais, à y regarder de plus près, nous voyons que le temps de la réincarnation est orienté dans deux directions opposées. En effet, le personnage-narrateur incarne la version de Fedora avant sa mort, c'est-à-dire qu'il est un double du passé de Fedora, tandis que la petite fille, qui incarne le devenir de Fedora après sa mort, est un double du futur. Le temps semble reculer et avancer en même temps, c'est-à-dire se soustraire à toute orientation univoque. A la fin, les deux doubles se trouvent réunis dans le présent de la rencontre, la petite fille qui est l'incarnation du futur de Fedora se trouvant face à face avec l'incarnation du passé de cette dernière. Le présent apparaît comme le lieu constitué par le face à face du passé et du futur et comme le lieu où s'opère le passage du relais de l'un à l'autre.

Le double du passé, de l'ancien, passe, en effet, le relais au double du futur, du nouveau, par le truchement de l'animal fabuleux, lui-même double car mi-chien / mi-tigre. L'animal appartient au passé et au futur de Fedora et il symbolise le passage de l'un à l'autre : Fedora en confie la garde à son amie de la plage et la petite fille du cirque vient un jour le chercher pour travailler avec lui dans le cirque. Le conte «Keif» met donc en scène l'absence de rupture que suppose la conception d'un temps circulaire dans lequel la mort n'est plus cette limite qui sépare définitivement l'avant de l'après mais un passage qui met en communication profonde et dialectique l'avant et l'après, l'après représentant par rapport à l'avant un développement, une croissance des potentialités en germe dans l'ancien. Keif lui-même qui, du vivant de Fedora, était désigné comme un animal mi-chien mi-tigre, développe et réalise ses propres potentialités en accédant clairement au statut de «tigre» lorsque la petite fille vient le chercher pour pouvoir réaliser elle-même ses talents de dompteuse.

En assumant ce rôle de relais, l'animal est porteur d'une dimension symbolique. Keif, qui donne son nom au conte, est à la fois objet de récit du personnage-narrateur, objet des conversations entre les deux amies et actant. Le récit s'ouvre sur l'évocation de Keif, désigné par son nom propre. Le personnage-narrateur fait sa connaissance en franchissant la porte ouverte de la maison de Fedora, la première fois où il s'y est rendu pour la petite annonce concernant le magnétophone. L'animal est couché au pied de l'escalier et garde manifestement l'entrée de la maison. Il est qualifié de mystérieux et de terrible avant d'être désigné sous le nom générique de «chien». Ce chien qui garde l'entrée et qui fait si peur au personnage-narrateur évoque rétrospectivement Cerbère dans sa fonction de gardien des enfers et connote une idée de mort et de *passage*. Dans toutes les mythologies, le chien est le guide de l'homme dans la nuit de la mort après avoir été son compagnon dans le jour de la vie. Or Keif est le fidèle compagnon de Fedora pendant sa vie et c'est lui, nous l'avons vu, qui opère le *passage* en mettant en relation l'incarnation ancienne et l'incarnation nouvelle de Fedora. Quant au tigre, il symbolise l'énergie, la puissance vitale, et il est l'une des figures du monde supérieur, «le monde de la vie et de la lumière naissante»[3]. Or ce qui caractérise le personnage de Fedora est son énergie vitale, son désir d'accéder à une forme de vie plus passionnante et plus conforme à ses propres potentialités. D'autre part, dans certaines mythologies, le Tigre-ancêtre mythique est considéré comme *l'initiant*. C'est lui qui conduit les néophytes dans la jungle pour les initier, en réalité pour les *tuer* et les *ressusciter*. Le symbolisme de cet animal, lié aux concepts de passage, de mort et de résurrection, d'initiation, d'énergie, entre donc en résonnance avec les éléments de l'anecdote familière qui constituent la trame narrative du conte. Le personnage-narrateur attire d'ailleurs l'attention sur la *signification* du nom de l'animal en interrogeant Fedora sur l'origine du nom Keif :

— ¿ Keif ? ¿ Por qué le puso Keif ? - inquirí.
— Keif en árabe quiere decir "saborear la existencia animal sin las molestias de la conversación, sin los desagrados de la memoria ni la vanidad del pensamiento". Le queda bien ¿ verdad ?
— No podía llamarse de otro modo - le contesté con énfasis (p. 190).

---

[3]. Jean Chevalier et Alain Gheerbrant, *Dictionnaire des symboles*, Paris, Robert Laffont, Coll. Bouquins, 1988.

Cette question banale reçoit une réponse inattendue qui a pour effet d'attirer l'attention sur l'acte de nommer les êtres fictionnels, c'est-à-dire sur l'acte d'énonciation. En feignant de s'intéresser au nom propre de l'animal, la question met surtout en lumière l'ambiguïté de la dénotation de l'animal, chien et tigre, c'est-à-dire sur sa signification *symbolique*.

Le symbolisme est également perceptible dans d'autres éléments du texte comme dans les quelques chiffres qui se réfèrent à des indications temporelles et qui se répondent en écho dans le récit. Le personnage-narrateur vit chez Fedora pendant quatre ans avant de recevoir la visite de la petite fille qui est âgée de quatre ans. Cette petite fille arrive chez le personnage-narrateur à cinq heures de l'après-midi alors que ce même personnage-narrateur avait découvert le suicide de Fedora, sur la plage, à cinq heures du matin. Le temps, comme les personnages, obéit à la structure du double et se répète en miroir avec des variantes de part et d'autre d'un axe constitué par la mort. Même le "détail" du magnétophone que Fedora cherche à vendre par petites annonces est porteur de ce même symbolisme de la *reproduction*.

Cette structure du double qui affecte toutes les instances de la narration traduit au niveau narratif la dialectique de l'identité et de l'altérité, de la permanence et du changement qui, ici, caractérise la métamorphose. Le rapport spéculaire qui donne naissance aux multiples doubles et qui gère en particulier le temps et la construction des personnages s'ordonne de part et d'autre d'un axe constitué par la mort du personnage Fedora. Or ce rapport spéculaire se retrouve, au niveau de l'écriture, dans la structure narrative du conte. En effet, la mort de Fedora divise aussi le texte en deux parties caractérisées par deux modalités narratives différentes : la première (p. 189-194) est fortement dominée par le dialogue entre Fedora et le personnage-narrateur et la seconde (p. 195-198) fortement dominée par le récit monologique du personnage-narrateur. Le récit de la deuxième partie se termine tout à la fin, quand prend place le dialogue entre le personnage-narrateur devenu double de Fedora et les parents de la petite fille.

Cette structure spéculaire donne l'impression que le récit s'auto-reproduit et donc s'auto-engendre lui-même. En effet, dans le dialogue de la première partie, Fedora annonce, présente et même décrit ce qui se passera après sa mort. La seconde partie du conte fait le récit de ces mêmes événements en les décrivant à nouveau et en les mettant en scène de façon circonstanciée car ils se réalisent conformément au "programme" prévu par Fedora.

Les diverses actions du récit étaient déjà présentes dans les paroles de Fedora. Ces paroles que le personnage-narrateur avaient prises pour des divagations reçoivent leur légitimité et leur validité de leur caractère vérifiable, non pas sur le plan de la réalité référentielle extérieure au récit, mais sur le plan de la réalité interne à la fiction. Le récit fonctionne de façon cohérente et autonome par rapport à ses propres prémisses concernant la théorie de la métempsycose. Cette cohérence est explicitement reconnue par le personnage-narrateur quand ce dernier se met à croire qu'en effet l'âme de son amie a dû se glisser dans son propre corps en profitant de son évanouissement. Convaincue rétrospectivement du bien-fondé de cette assertion, elle n'hésite pas ensuite à reconnaître, chez la petite fille qui se présente chez elle, la réincarnation annoncée de son amie. C'est pourquoi elle accepte de lui confier Keif. Tout se déroule comme l'avait prévu et décrit Fedora.

Il y aurait donc, entre le dialogue et le récit, une relation de *mise en abîme* qui ne serait pas seulement l'expression anticipée du drame futur mais aussi un jeu de directives, un modèle ou un canevas qui fonctionnerait comme une base de production du récit et en fonderait la légitimité.

Dans la mesure où les paroles de Fedora exposent d'abord dans le dialogue ce qui se passera ensuite sur le plan actantiel, le récit postérieur à la mort de Fedora reprend avec des variantes les descriptions ou les déclarations qui était déjà présentes dans le dialogue. Cela engendre dans l'écriture du texte des reprises et des variantes narratives. Par exemple, la petite fille prononce, à propos du chien / tigre Keif, et sans le connaître, la phrase qu'avait prononcée Fedora lors de la première visite du personnage-narrateur :

• Première visite du personnage-narrateur à Fedora. C'est Fedora qui parle :

> — Suba - me dijo. No tenga miedo - agregó, bajando las escaleras - Keif no le hará nada (p. 190).

• Visite de la petite fille chez le personnage-narrateur, devenu le double de Fedora. Les deux doubles (personnage-narrateur adulte et petite fille du cirque Amazonia) se distribuent les paroles de Fedora lors de la première visite, ci-dessus rapportées. C'est le personnage-narrateur qui parle d'abord et c'est la petite fille qui lui répond :

> [...] Les dije :
> — No se asusten
> — Keif no hace nada - balbuceó la niña (p. 197).

• Pour prouver les capacités de dompteuse de leur fille, les parents disent qu'elle a déjà mis sa tête dans la gueule d'un lion. Fedora avait évoqué exactement ce geste lorsqu'elle parlait de son rêve d'être amazone ou dompteuse de cirque :

> — Una amazona de circo - prosiguió - o domadora ; tal vez prefiera esto último. Es mi vocación. Saludaré al público despúes de poner mi cabeza dentro de la boca de un león. Pienso siempre en las diferencias que habrá entre ésta y la otra vida. ¡ Es tan entretenido ! (p. 194).

• Les parents de la petite fille s'adressent au personnage-narrateur :

> [...] Queremos que sea domadora : lo tiene en la sangre. Le gustan también los caballos ; podría ser una célebre amazona, pero hay muchas en nuestra compañía. Con nuestro permiso ya puso una vez la cabeza en la boca de un león. Hizo otros ejercicios no menos peligrosos. Trajo mucho público de las afueras a nuestro circo. El enano de Costa Rica la presentaba (p. 198).

L'ensemble du discours des parents est une variante du discours de cette dernière. Tous les éléments du discours de Fedora (désir d'être amazone, ou plutôt dompteuse, volonté de mettre sa tête dans la gueule d'un lion, séduction du public, rôle de Keif) se retrouvent dans le discours des parents mais ils sont mis en scène avec de légères variantes qui les développent et les enrichissent. Le changement du sujet d'énonciation entraîne un point de vue renouvelé sur une réalité identique. Le discours des parents de la petite fille est plus détaillé, plus circonstancié et pourrait, s'il développait toutes ses potentialités narratives, donner lieu à un autre conte qui serait à la fois suite et variante du premier.

Nous avions vu que dans la double réincarnation, le temps avance et recule en même temps. Ce double mouvement structure aussi le point de vue mis en scène dans le texte : le point de vue prospectif du dialogue est révélé et validé par la vision rétrospective du récit, dans la deuxième partie du texte. Cette vision rétrospective, qui déclare la cohérence, induit chez le personnage-narrateur et donc chez le lecteur une suspension de l'incrédulité qui fonde la vraisemblance du conte.

Enfin, s'il y a métamorphose par la mort et la réincarnation, c'est parce que le récit prend au pied de la lettre certaines expressions métaphoriques comme «changer de vie» (Fedora veut changer de vie) ou «l'avoir dans le sang» (expression que les parents de la petite fille utilisent en parlant de son don pour le cirque). C'est donc le langage lui-même et en particulier la métaphore qui déclenchent le processus métamorphique, ce qui contribue à le rendre autonome de toute intervention démiurgique extérieure. L'auto-engendrement narratif semble donc refléter l'auto-engendrement du personnage lui-même qui prend en charge sa propre réincarnation. Le personnage, construisant lui-même son propre destin, met en oeuvre un véritable programme pour arriver aux fins que son rêve ou son désir lui proposent. Aucune puissance extérieure ne lui impose le déroulement des événements.

L'analyse met en lumière la logique interne de ce conte qui semble naître de l'intérieur de lui-même. Julio Cortázar dit que le conte réussi doit donner l'impression de naître de lui-même, indépendamment du démiurge qui l'a créé. Le conte est :

> [...] algo que ha nacido por sí mismo, en sí mismo y hasta de sí mismo, en todo caso con la mediación pero jamás la presencia manifiesta del demiurgo[4].

Mais il y a plus : si le conte ici naît de lui-même, il naît aussi d'autres contes écrits par d'autres auteurs. En effet, le personnage-narrateur explique, au début, que les idées de Fedora sur la transmigration de l'âme sont inspirées par la lecture du livre *Les Métamorphoses* d'Ovide que quelqu'un lui a offert pour son anniversaire. Ce conte, fondé sur les *divagations* de la protagoniste, apparaît donc lui-même comme la réincarnation d'autres contes écrits dans le passé. Sur le plan de l'écriture, la dialectique du changement et de la permanence informe aussi la réincarnation d'un texte ancien en texte nouveau : le texte nouveau constitue le développement d'une autre forme à partir de la même structure ou du même thème, c'est-à-dire une variante.

Ce jeu entre le même et l'autre, entre la permanence et le changement, était thématisé dans la doctrine de Pythagore telle qu'Ovide la réfère dans le Livre XV des *Métamorphoses* :

> Et, comme la cire molle se prête au modelage de figures nouvelles, ne reste jamais ce qu'elle était et ne conserve pas toujours les mêmes formes, sans cependant cesser d'être identique à elle-même, ainsi

---

4. Julio Cortázar, *La casilla de los Morelli*, Barcelona, Tusquets, Coll. Cuadernos marginales, 1973, p. 107.

> l'âme, telle est ma doctrine, est toujours la même, mais passe successivement dans des formes diverses[5].

Le conte «Keif» hérite des *Métamorphoses* d'Ovide le principe structurant de l'identité et de l'altérité qui informe le développement de sa trame narrative mais il en tire un parti différent. Dans les *Métamorphoses* d'Ovide, la métamorphose des personnages est le plus souvent la manifestation brutale d'un châtiment infligé par un dieu à un mortel. Cela peut être aussi parfois un moyen de défense que le personnage adopte volontairement pour échapper à un sort redouté. Par exemple, la belle nymphe Daphné se métamorphose en laurier pour se soustraire aux ardeurs d'Apollon. Dans «Keif», c'est le personnage lui-même qui décide de changer de vie, non pas pour échapper à un pouvoir extérieur qui le domine mais pour entrer de plein gré dans une forme nouvelle qui lui permette de réaliser d'autres virtualités. La métamorphose est envisagée comme désirable et souhaitable puisqu'elle est le résultat de l'incarnation d'un rêve et d'un désir très chers. La métamorphose du personnage n'est donc pas le signe d'une puissance divine ou extérieure sur lui mais au contraire l'expression même de son autonomie et, en collaboration avec les forces cosmiques, de son pouvoir inaliénable sur son destin. «Keif» représente une variante par rapport aux *Métamorphoses* d'Ovide et traduit un renouvellement et même une inversion de la perspective en donnant au personnage le plein pouvoir sur sa métamorphose. Le cycle des métamorphoses constitue alors un processus par lequel le personnage entre, par étapes successives, dans la découverte et la réalisation de soi.

D'autres références à la littérature situent le récit à la fois dans une continuité et dans une rupture par rapport à l'héritage. Fedora indique que son suicide ne sera pas tragique comme celui de Alfonsina Storni ou celui de Virginia Woolf, qui toutes deux se sont noyées pour mettre fin à leur vie. La première est un écrivain argentin contemporain de Silvina Ocampo qui s'est donné la mort en 1938 à Mar del Plata, célèbre station balnéaire argentine, et la deuxième, un écrivain anglais de la fin du XIXème siècle :

> — [...] Eso es lo que voy a hacer : dejarme morir en el deleite del agua. En una hermosa mañana, al alba, entraré en el mar como cualquier otro día ; sentiré la efervescencia del agua en mi piel. No,

---

[5]. Ovide, *Les Métamorphoses*, Paris, Garnier-Flammarion, 1966, X V 168-202, p. 376.

> no sería un suicidio trágico como el de Alfonsina Storni en Mar del Plata, ni patético como el de Virginia Woolf en no sé qué río de Inglaterra. Seguiré bañándome hasta el mediodía, hasta la caída de la tarde (p. 193).

Le suicide voluptueux de Fedora, ouvrant sur des potentialités nouvelles et exaltantes, est la variante euphorique du suicide tragique ou pathétique des deux femmes écrivains. Alfonsina Storni, avant de se suicider avait écrit un poème, «Dolor» (extrait du recueil *Ocre*), dans lequel elle évoquait, par anticipation, son suicide dans la mer. Quant à Virginia Woolf, n'est-elle pas discrètement présente dans le passage où le dialogue entre les deux amies tout-à-coup passe de l'espagnol à l'anglais ?

L'intertextualité explicite dans ce conte indique donc que le récit pourrait, tout comme le personnage, se réincarner à l'infini, c'est-à-dire développer des potentialités nouvelles, en germe dans l'ancien, et réapparaître, identique et différent, par le jeu des variations multiples.

En conclusion, le traitement narratif du thème de la métamorphose / réincarnation qui s'inscrit dans une lignée littéraire très ancienne garde les apparences de la tradition mais exprime, en réalité, un renouvellement, voire une subversion totale du point de vue qui est porté sur ce phénomène. L'accent est mis sur le jeu de miroirs et de reflets à l'infini qu'engendre la métamorphose / réincarnation et qui affecte les coordonnées de la narration, en particulier les personnages et le temps. Fedora se dédouble et se renouvelle sous la forme des deux autres personnages. Le temps devient infini, circulaire et spéculaire ; la mort est un passage exaltant vers un nouvel état de l'être, qui développe des virtualités et des potentialités plus proches de la vérité de celui qui en fait l'expérience, et ne représente plus cette fin définitive de la vie qui engendre la désespérance ou la révolte. Le personnage non seulement se réincarne après sa mort dans une autre vie terrestre mais il demeure sous forme de double dans la version ancienne de sa vie pour passer le relais à sa version future, obéissant ainsi à la dialectique du même et de l'autre.

Comme le personnage, le texte se re-produit à l'intérieur de lui-même par le jeu des variations internes et il est lui-même une variante d'autres textes qui l'ont précédé. Comme le personnage, dans le processus de réincarnation à l'infini, le texte obéit à la dialectique de l'identité et de l'altérité qui permet que des potentialités nouvelles viennent sans cesse à réalisation. Le récit met donc en scène sa propre métamorphose, sa propre réincarnation et le thème qu'il développe est le principe narratif sur lequel il est construit.

L'histoire du personnage est donc le reflet de l'histoire du texte lui-même : respect et subversion de la tradition, variante du même thème avec renouvellement du point de vue, refus de la clôture définitive du texte, de la mort du texte qui ne soit pas passage vers une réincarnation sous une autre forme, à la fois semblable et différente, allusion à la création d'autres textes qui seront à leur tour des variantes de celui-ci. L'écriture des livres est une longue suite de passages de relais et de réincarnations, inscrits dans un processus de régénération à l'infini, chacun des livres étant une variante de ceux qui les ont précédés et de ceux qui suivront. Telle est la magistrale leçon que le conte «Keif» met en scène à travers un récit fantastique où s'imbriquent, avec un naturel prodigieux, le mythique et le quotidien.

Annick Mangin

Université de Toulouse - Le Mirail

PERSPECTICA DIACRÓNICA Y FUNCIÓN DEL RELATO FANTÁSTICO EN EL RÍO DE LA PLATA

Categorías teóricas de lo fantástico y poética de lo incierto

Es indudable que uno de los primeros teorizadores modernos de la noción de lo fantástico, Roger Caillois, ha sido uno de los más lúcidos y precisos al tratar de separar la pregunta central ¿ *qué es lo fantástico* ?, o en otras palabras, ¿ *cómo funciona al interior de la obra de arte* ? y más adelante, cuestionar las diferencias entre lo fantástico, lo puramente feérico y la aparición moderna de la ciencia-ficción, o, mejor aún, ficción científica. Es la distancia que va del texto *Au coeur du fantastique*, al estudio teórico y presentación de su *Anthologie du fantastique*, publicadas en las ediciones Gallimard de París[1]. Sin duda, su larga residencia en Buenos Aires, la familiaridad que logró practicar con la obra de Borges y Cortázar, están en el origen de sus reflexiones sobre lo fantástico en general, aunque su valioso aporte al estudio del tema no ponga énfasis sobre su funcionamiento al interior de un género literario. En efecto, Roger Caillois escoge hablar más bien de los aspectos técnicos, de la actitud general del escritor, que de la caracterización de lo fantástico a través de sus niveles semánticos o sintácticos como lo hará posteriormente Todorov. Las nociones de la ambigüedad o de duda que para la totalidad de los teóricos del tema constituyen un punto central en la elaboración conceptual de la teoría, son explicadas por Caillois por el misterio que produce el alejamiento de lo real.

A partir de 1970, con la publicación de su *Introduction à la littérature fantastique*[2], Todorov va a dar un giro diferente a la

---

1. Roger Caillois, *Au coeur du fantastique*, París, Gallimard, 1965 y *Anthologie du fantastique*, París, Gallimard, 1966.
2. Tzvetan Todorov, *Introduction à la littérature fantastique*, París, Ed. du Seuil, 1970.

cuestión, al realizar su reflexión teórica a partir de dos sistemas de oposición : en primer lugar, al dividir la indagación de lo fantástico en la organización de la textualidad y del enunciado por una parte, y luego, al preguntarse sobre la naturaleza de los hechos contados. De este modo, dos preguntas, una sobre la naturaleza del texto, y otra, sobre la naturaleza de los hechos, van a dar origen a la oposición entre literatura fantástica y poesía, y luego entre literatura fantástica y alegoría. En segundo lugar, frente a la naturaleza de los hechos, Todorov ve la constitución de lo extraordinario, lo fantástico (propiamente dicho), y finalmente, lo maravilloso.

En esta nueva manera de entender el sentido de lo fantástico se pone énfasis en el papel del lector como factor de penetración del significado misterioso o enigmático de la materia narrada y allí la existencia de hechos, diríamos "normales" o "anormales" y su consiguiente explicación, dependerán en gran parte del papel que asuma el lector virtual de aquellos. No nos equivoquemos, sin embargo, bajo este aspecto, Todorov va a desarrollar algo que ya estaba en el pensamiento de Caillois, a saber la idea de que el papel del lector forma un eje en la "desvelación" del misterio, que es muy importante luego de la constitución de lo "misterioso" en sí, empapado, según Caillois, por la idea de la "ambigüedad" propia de lo fantástico moderno. Todorov, en cambio, pondrá énfasis en la noción de "duda" (*hésitation*) como base del fenómeno[3]. Para él, si la duda sobre la naturaleza de los acontecimientos narrados, acontecimientos que deben salir del contexto de lo "normal" para ser considerados como tales, es mantenida, sólo entonces estaríamos en presencia de la literatura fantástica propiamente dicha. Todorov insiste en que si el lector puede disipar la "duda", nos encontraríamos frente a dos posibilidades : o bien, reconocemos que los acontecimientos pueden inscribirse dentro de lo que podríamos llamar los hechos naturales, caso en el cual estaríamos en presencia de *lo extraordinario* ; o en segundo lugar, los acontecimientos se inscriben dentro de los hechos irreales o sobrenaturales, caso en el cual estaríamos frente al fenómeno de *lo maravilloso*. La pertinencia de esta reflexión teórica no puede ocultar el hecho de que la noción de la "duda" invocada por Todorov no siempre está presente en los textos de naturaleza fantástica.

---

3. «Le fantastique c'est l'hésitation éprouvée par un être qui ne connaît que les lois naturelles, face à un événement en apparence surnaturel». Tzvetan Todorov, *op. cit.*, p. 29-30. Más adelante, agrega : «Le fantastique implique donc une intégration du lecteur au monde des personnages» (p. 36-37).

Digamos que la noción de "ambigüedad" ha preocupado a los teóricos desde Caillois en adelante por considerarse como intrínseca de lo moderno, ya sea, porque ha sido remitida a un distanciamiento de los hechos de la realidad cotidiana y unívoca, o porque el lector (entiéndase por éste el lector "virtual" del que habla Todorov y no el mero lector biográfico) es llamado a representar un papel finalmente diferente.

Para Jean Paul Sartre es el hombre (o el personaje mismo) quien constituye el objeto fantástico a través de la identificación con éste por parte del lector. Un personaje que asume el papel de intermediario de lo extraordinario y que al no cuestionarse la naturaleza asombrosa de los hechos, sirve de vehículo apropiado para la aceptación de éstos. Para Sartre, en su artículo «Aminadab ou du fantastique considéré comme un langage»[4], citado profusamente por el propio Todorov, es el hombre "normal", el ser fantástico por excelencia, quien encarna los valores de lo fantástico en una sociedad fundamentalmente desacralizada. En la versión de lo fantástico moderno que inicia Kafka en las letras occidentales, estaríamos en presencia, como afirma Todorov, de «lo fantástico generalizado» en que el mundo entero del libro y el lector mismo aparecen incluídos, estrechamente fundidos. Es Irène Bessière quien ha dado un nuevo impulso muy notable a la discusión teórica del fenómeno estudiado en su texto *Le récit fantastique*, de publicación relativamente reciente[5]. Bessière agrega a lo ya dicho las nociones relativas a las metamorfosis de la razón y de lo imaginario, pero en relación con la presencia de un conjunto social reconocible por sus prácticas ; es decir, la transformación diacrónica de lo fantástico es sometida a la visión cultural, a la evolución del progreso científico y tecnológico y a la comprobación de que el hombre percibe y refleja el mundo según una conciencia mediatizada por la cultura, mediatizada por una epistemología que ha sido construída poniendo énfasis en los supuestos valores universales y "eternos" de una época y su visión del universo. Así, lo sobrenatural, por ejemplo, que reflejaría la crisis de la razón frente a una cierta forma de lo irracional como propio del mundo, aparece justamente en el período en que todas las teorías del progreso son relativizadas por el desarrollo de la psicología, ciencia abisal por excelencia.

Para Bessière el relato fantástico moderno ejercería precisamente una función compensatoria que puede llegar a

---

4. Jean Paul Sartre, *Situations I*, París, Ed. du Seuil, 1947.
5. I. Bessière, *Le récit fantastique*, París, Larousse, Col. Thèmes et textes, 1974.

equipararse con la de los sueños (ella no deja de notar al respecto, la extraordinaria modernidad del aporte de Borges y Cortázar). Se tratará en suma, de una especie de sistema de compensación basado en la ensoñación y proyección de los deseos del hombre, el cual si bien ha perdido el terror frente a los fenómenos de la naturaleza, no ha podido, a la inversa, a través de este nuevo eje que es su propia conciencia, superar en un sentido sartriano, la ambigüedad que ella misma proyecta en la totalidad de la visión del universo : es la propia conciencia el nuevo eje de sustentación de lo ambiguo. Es que la conciencia moderna a partir de las comprobaciones de Freud (por ejemplo, en textos tales como «L'inquiétante étrangeté»[6]), une a la desacralización, el reconocimiento de que dentro de un sistema cultural, puede haber la persistencia de fragmentos de creencias que aunque rechacen la superstición, pueden aceptar, sin embargo, un simbolismo de tipo animista ya periclitado largamente en la ideología general de la conducta social. Bessière nota que la presencia de lo fantástico moderno, está muchas veces ligada a la constitución de sub-sistemas culturales que le sirven de vía de expresión, de canal de subsistencia[7]. Hay en todo esto una duplicidad que está en la base de lo fantástico moderno : lo posible es el reverso de lo improbable y el discurso así constituído se acerca mucho a los arcanos de la palabra psicoanalítica. Agrega Bessière :

> Pris entre l'aveu de l'improbable et la régression au sens commun, la narration reste en quête des vraies causes et d'un sens que rien ne délivre et qui ne sera jamais délivré. L'interprétation du héros s'identifie à une reconnaissance des signes et jamais à une connaissance ; il est de la nature de la narration fantastique de progresser à la manière d'un vide en expansion, mouvement que confirment les indices recevables du vraisemblable et qui font de l'impossible une image du plausible. La recherche du sens, nécessairement vouée à l'échec comme telle, a pour objet de constituer un jeu où s'élabore le remaniement symbolique de l'imaginaire, et où tous les éléments du vraisemblable se recomposent en une stratégie qui donne à l'improbable un effet de vraisemblance, par lequel le récit fantastique s'adresse à nous[8].

Una literatura basada entonces sobre el poder de las *funciones sugestivas* del texto, un mundo que como sucede en *La invención de Morel* de Bioy Casares, no está constituído solamente por lo fantástico maravilloso, sino por la realización de lo imaginario,

---

6. Citado por Irène Bessière, *op. cit.*, p. 229. Apareció en *Essais de psychanalyse appliquée*, París, Gallimard, 1971.
7. Irène Bessière, *op. cit.*, p. 228-230.
8. *Ibid.*, p. 233-234.

puesto que la máquina de Morel no depende sólo de la realización de lo tecnológico, sino constituye una parábola de lo posible a través de la mente.

Las *funciones sugestivas* del texto tuvieron una dimensión muy diferente en el siglo XIX, puesto que en el propio Edgar Allan Poe, estaban destinadas a «introducir nuevas reglas de realismo en la literatura de horror», como lo estableciera Lovecraft. Ahora, la significación no nacerá de una supuesta objetividad, sino de la duplicidad de la escritura. Lo fantástico por encima de las ruinas de la superstición y de lo sobrenatural, nace de una suplantación del misterio de los acontecimientos, por el de la palabra escrita. En esta suplantación de la posición del agente directo de la mutación fantástica, termina por obedecer a una lógica onírica que tiene muy poco que ver con lo real. Todorov ha hablado largamente de esto al ofrecer en el ejemplo de *La metamorfosis* de Kafka, el establecimiento de esta nueva lógica onírica que termina por dar la espalda al positivismo rampante del siglo XIX, incluso cuando afirma que todo el siglo vivía «en una metafísica de lo real y lo imaginario y la literatura fantástica no es otra cosa que la mala conciencia de ese siglo... positivista»[9].

Todorov observa que lo "anormal" aparece nítidamente destacado desde el primer momento, puesto que la frase inicial del relato establece el hecho de que el protagonista se encuentra un día al despertarse transformado en escarabajo. Retomando la observación de Albert Camus sobre el caso de Gregorio Samsa, Todorov insiste en que la "anormalidad" proviene del hecho de la ausencia de sorpresa frente a esta cosa inconcebible. De la misma manera como va a suceder con «Axolotl» y «Carta a una señorita en París», de Julio Cortázar, o en «La soga» de Silvina Ocampo, el relato parte de una aceptación definitiva del hecho sobrenatural (la transformación en escarabajo, la transformación en batracio de ojos dorados, el vómito regular de conejitos blancos, la mutación de la soga en animal vengativo) ; esta aceptación confirma una cuestión central en este tipo de relatos fantásticos : aquí no se trata de la vacilación del lector como elemento fugaz que permite el desarrollo progresivo de los acontecimientos, puesto que lo sobrenatural es aceptado desde el comienzo, sino de lo que el propio Todorov llama la «adaptación» que sigue al acontecimiento inexplicable. En otras palabras, el lector colocado al frente de un hecho sobrenatural, comienza por adaptarse y reconocer la "naturalidad" de lo excepcional o aberrante. De hecho, aquí se

---

9. Tzvetan Todorov, *op. cit.*, p. 176.

trata de que lo irracional está incorporado a la totalidad del mundo de lo narrado, forma parte intrínseca de éste.

Así, en el citado relato «Carta a una señorita en París», lo que provoca espanto en el narrador autobiográfico no es la existencia de los conejitos blancos que salen de su garganta, sino la angustia que le produce el no saber dónde colocarlos debido al aumento de su número. Más adelante, la presencia de un tigre o la amenaza indeterminada en un autobús colectivo, sufrirán del mismo tipo de tratamiento creando una dimensión muy particular a lo ambiguo : en la mayoría de los casos desechamos lo alegórico como solución explicativa del fenómeno (puesto que no sabemos a qué códigos remitir tal explicación) y nos vemos obligados a constituir otro sistema lógico - una lógica onírica, dirá Todorov - en la cual todo lo irracional se hace posible como base del mundo, todo lo pesadillesco que no tiene réplica estricta ni concreta con lo real y gracias a la cual "la duda" o "vacilación" ya no afectan demasiado al lector.

El conflicto nacido como resultado de una crisis personal, según lo entendía Joyce, se desplaza de la interioridad del hombre y alcanza los misterios del universo. Así se va a constituir una poética diferente - una poética del desplazamiento y la incertidumbre - muy opuesta a los simbolismos tradicionales y que apunta a una forma diferente de conocimiento : aquélla en que las vías racionales son reemplazadas por un conocimiento poético que da una nueva función literaria a lo virtual. Una perspectiva nueva se impone durante el siglo XX : aquélla que apunta a replantearse las leyes de la identidad a partir de la exposición del caos de la conciencia, única vía posible (a partir de Poe, Hawthorne, Maupassant) de forjar una imagen más lúcida y certera del mundo, aunque al margen de los sistemas lógicos de explicación, netamente insuficientes para explicar un irracionalismo instalado en el corazón de la imagen del mundo tal como la percibe la modernidad.

"Instinto poético" y formas paralógicas de conocimiento en los relatos de Cortázar

Julio Cortázar ha sido reconocido como uno de los renovadores más importantes del relato fantástico por varios de los teóricos mencionados precedentemente y muy en especial, por Roger Caillois e Irène Bessière y en el ámbito de la crítica hispánica, por Jaime Alazraki[10]. Todos ellos reconocen en el escritor argentino a un cuentista magistral, al mismo tiempo que un teorizador importante del género estudiado.

Todos los críticos se concertan para afirmar que Cortázar utiliza, pone en juego, una lógica de lo fantástico basada no tanto en el funcionamiento de lo excepcional (aunque éste pueda manifestarse, sobre todo en los textos de su primer volumen, *Bestiario*, 1951), sino en la confluencia dicotómica entre la vigilia y el sueño, el esclarecimiento de lo neurótico y el juego como expresión más o menos inconsciente de una búsqueda de la libertad.

Entre los conceptos analizados por el propio Cortázar y en los cuales pone mayor énfasis en los escritos de la década del 60, encontramos la referencia al cuento fantástico como un típico producto de naturaleza neurótica, en el cual la noción de pesadilla, de alucinación liberadora, se complementa con la idea de la polarización que hace posible la escritura. A ella deberíamos agregar la noción de inestabilidad de los significados semánticos, de la cual no sólo figura como responsable la desacralización típica de la época, sino también el propio discurso fantástico que se constituye como un discurso autoreflexivo, un discurso inclusivo que proyecta por sobre todo, como afirmara Todorov, una permanente polisemia de la imagen, del símbolo o, en otras palabras, un fenómeno que encierra la producción del sentido y su crítica interpretativa : el fotógrafo, en suma, y el intérprete de la fotografía.

Cortázar fue desde siempre muy consciente de este fenómeno y no sólo le preocupaba en los años de la publicación de su primer texto importante, *Los Reyes*, según consta en los numerosos artículos y reseñas críticas que redactó alrededor de 1946-1949 y que ahora empiezan a conocerse[11], sino en textos posteriores como aquel publicado en Cuba en 1963 :

> Casi todos los cuentos que he escrito pertenecen al género llamado fantástico por falta de mejor nombre, y se oponen a ese falso realismo que consiste en creer que todas las cosas pueden describirse como lo daba por sentado el optimismo filosófico y científico del siglo XVIII, es decir, dentro de un mundo regido más o menos armoniosamente por un sistema de leyes, de principios, de relaciones de causa a efecto, de psicologías definidas, de geografías bien cartografiadas. En mi caso, la

---

10. Jaime Alazraki, *En busca del unicornio : los cuentos de J. Cortázar*, Madrid, Gredos, 1983.
11. *Ibid.*, p. 83 y sgs.

> sospecha de otro orden más secreto y menos comunicable, y el fecundo descubrimiento de Alfred Jarry, para quien el estudio de la realidad no residía en las leyes, sino en las excepciones a esas leyes, han sido uno de los principios orientadores de mi búsqueda personal... 12.

El discurso literario aparece permanentemente en su proceso de constitución y se transforma en un agente especular cuya función catártica pasa no sólo por la develación y el cuestionamiento de los arcanos en que está constituído lo real, sino también por la lectura apropiada del sistema del enunciado, por la inmersión del lector en la lógica interna del relato, en el que tiende a rechazarse todo cuestionamiento externo al discurso de la textualidad.

Es cierto, «la sospecha de la existencia de otro orden más secreto y menos comunicable» que está en la base de la explicación racional del mundo occidental, va a constituir en el escritor un elemento intrínseco en que se apoya lo fantástico como modo de expresión de fuerzas analógicas, las cuales implican otro tipo de posesión y de apropiación de la realidad. Es a partir del relato largo (o "nouvelle") titulado «El perseguidor» de su volumen *Las armas secretas*, que se va a precisar, a objetivar en un personaje-símbolo, la exposición de la idea del *instinto poético* como forma superior del conocimiento y que es la respuesta de Cortázar a la alienación y al extrañamiento. Esta forma que habrá de escoger Cortázar para simbolizar su lucha por ensanchar las posibilidades de apropiación y de inteligibilidad del mundo moderno, la presencia de un personaje dotado de un instinto particular, un *instinto poético* de conocimiento, es el Johnny, de «El perseguidor», músico torpe y enfermo, saxofonista de jazz (género "impuro", por excelencia) y no demasiado inteligente, según atestigua el narrador (que se constituye en el relato como su biógrafo ficticio). Es también la Maga, el personaje femenino central de *Rayuela*, la cual sabe nadar espontáneamente en los ríos metafísicos, sin saber lo que hace, sin tener conciencia de que pasa libremente de una a otra zona de realidad, en circunstancias de que Oliveira, su contrapartida literaria, parece empantanarse permanentemente en su frustrado cartesianismo mestizo y esterilizante. La Maga es entonces, la réplica en el relato largo, en la estructura de la anti-novela, de lo que Johnny es en la "nouvelle" : los agentes de una penetración de la opacidad del

---

12. Julio Cortázar, «Algunos aspectos del cuento», *Casa de las Américas*, n° 15-16, La Habana, 1963, p. 3-17.

mundo real, que sólo lo excepcional y lo fantástico - «un orden secreto y menos comunicable» - pueden constituir a partir de una visión paralógica del universo : el propio Oliveira dice de ella que «cierra los ojos y apunta en el blanco», afirmando el carácter básicamente "milagroso" de su conducta, su posibilidad de conocer como develando zonas impermeables al puro conocimiento racional.

Naturalmente, uno de los primeros en realizar el origen de un proceso como el que describimos fue Borges, para quien la idea de elaboración de lo "excepcional" en literatura está estrechamente ligada con una cierta teoría del conocimiento. La búsqueda del libro único, del texto que abarque a todos los demás es la base de una combinatoria en que lo imaginario será la base esencial. Es el trabajo de la escritura fantástica el de juntar las piezas de un juego perpetuo, en que la causalidad no deberá estar fundada sobre lo mimético, sino sobre lo simbólico, a la manera de de Quincey, a quien gustaba Borges de citar.

En el caso de Cortázar encontramos además una desconfianza creciente frente al antropocentrismo cultural del hombre occidental que coloca al ser humano en el centro del universo ; y en ese sentido su experiencia de las literaturas de vanguardia y en especial del surrealismo, será decisiva. No sólo una gran afinidad sensible con este movimiento será perceptible, sino dentro de prácticas diferentes, una exploración teórica, a ratos similar.

Hay también en el Río de la Plata una evolución de los temas y motivos de la literatura fantástica, los cuales no siempre definen intrínsecamente el fenómeno, pero acompañan el desarrollo de una tradición literaria. Es la distancia que separa por ejemplo, las aventuras fantástico-científicas de Lugones en «Yzur» y en «La fuerza Omega», de las híbridas mancuspias de Cortázar en «Cefalea». O bien, la exploración tradicional del doble en Quiroga, todavía tan cercano de Edgar A. Poe, de la fina ironía practicada en los relatos de Silvina Ocampo. El énfasis que tanto Borges como Cortázar, Silvina Ocampo como Bioy Casares dan al acto de la lectura para justificar la noción de extrañeza irreductible producida por la visión ambigua, ya se encuentra esbozada en la *Antología de la literatura fantástica* realizada por Borges, Silvina Ocampo y Bioy en 1940.

Raúl Silva-Cáceres

Université de Paris - Sorbonne

LO FANTÁSTICO Y SUS TÉCNICAS EN *ALGUIEN QUE ANDA POR AHÍ**, DE JULIO CORTÁZAR

A primera vista, los cuentos de la colección *Alguien que anda por ahí* (1977) desorientan un tanto al lector acostumbrado a la coherente isotopía fantástica cortazariana que rige la mayoría de los cuentos del autor desde su primer volumen *Bestiario* (1951) : ¿ qué pasó con esos temas de género fantástico instanciados en su tan peculiar construcción de los dobles, de los "pasajes", de los mundos paralelos, de los agentes transformadores de la realidad, de los agentes del horror ? ¿ Y qué de la infracción de lo insólito mediante la ruptura del espacio, de la temporalidad, o de la causalidad, mediante esas «instantáneas fracturas del continuo»[1] que trastornaban el orden del espacio literario planteado en el texto ?

En el volumen que nos ocupa pareciera que estos motivos y estas modalidades estructurantes de los relatos fantásticos de Cortázar sólo obrasen claramente en cuatro cuentos : en «Reunión con un círculo rojo», en «Alguien que anda por ahí» - ambos animados por el motivo en filigrana del *revenant* (el regreso del muerto) - y, de manera flagrante, en «Segunda vez» y «Apocalipsis de Solentiname», en donde operan respectivamente los motivos de la desaparición de lo sustancial e, inversamente, de la materialización de lo insustancial.

Mucho menos clara queda la identidad del género fantástico en los demás cuentos de la colección : en ellos no se observan temas fantásticos ; no hay transgresión de lo insólito,

---

* Las citas de los cuentos y su paginación remiten a la siguiente edición : Julio Cortázar, *Cuentos Completos /2*, Madrid, Alfaguara, 1995.
1. Julio Cortázar, «Del sentimiento de no estar del todo», in *La vuelta al día en ochenta mundos* [1967], Méjico, Siglo XXI, 1992, t. 1, p. 34.

y la trama fantástica cede importancia tanto a la construcción del ambiente como a los personajes. En esos relatos el ambiente rezuma ambigüedad, duplicidad o malestar, pero sin quebrar, sin fracturar su cotidianeidad espacial, temporal o causal por ninguna alteridad que pueda llamarse insólita, ni menos sobrenatural. Las fisuras que en él se traman son directamente producidas por la situación, las relaciones, el comportamiento o el inconsciente de los personajes, factores fácilmente recuperables por la racionalidad o el sentido común. Como lo señalara el mismo Cortázar, «en este último libro que acabo de publicar - *Alguien que anda por ahí* - creo que los personajes viven situaciones que, con algunas variantes lógicas, podrían ser vividas por mucha gente»[2]. Y por más inquietantes que puedan manifestarse esas fuerzas desconocidas que, en todos estos cuentos, terminan por dominar a los personajes y dejarlos prisioneros de las relaciones disyuntivas que se establecen tanto en ellos mismos como entre ellos, dichas fuerzas pueden ser calificadas como perfectamente humanas, y humanamente posibles : nada pues muy espectacularmente insólito por recalcar.

Segundo despiste, y que tanta tinta ha derramado : en el volumen figuran por vez primera[3] en la cuentística de Cortázar dos relatos de carácter ideológico-político a los cuales, pese a las protestas de su autor quien los considera desprovistos de toda reivindicación política, no se les puede borrar la intención denunciadora de una realidad histórica latinoamericana opresiva y alienante : bien lo vio la Junta Militar del dictador Videla en Argentina que, según palabras de Cortázar, intimó la

---

2. Julio Cortázar, in Ernesto González Bermejo, *Conversaciones con Cortázar*, Barcelona, Edhasa, 1978, p. 31.
3. Julio Cortázar cita él mismo como antecedente un cuento anterior, «Reunión» (in *Todos los fuegos el fuego*, 1966), como «el primer cuento que marcaría [mi] entrada en el campo ideológico». Julio Cortázar, in Omar Prego, *La fascinación de las palabras. Conversaciones con Julio Cortázar*, Barcelona, Muchnik Edtrs., 1985, p. 129. En el cuento Cortázar explora en efecto el primer episodio de la Revolución cubana, ciertamente con simpatía frente a la travesía de los Barbudos en la Sierra Maestra : «yo traté de meter ahí, en esas veinte páginas, toda la esencia, todo el motor, todo el impulso revolucionario que llevó a *los barbudos* al triunfo» (p. 129). Sin embargo, este tributo a los hombres de la revolución no se presenta como un tributo ideológico a la Revolución, ni tampoco presenta denuncia política directa o indirecta.

supresión de los dos cuentos so pena de prohibir la publicación del libro. Precisa el escritor :

> Uno de [estos relatos] se limitaba a contar, sin la menor alusión política, la historia de un hombre que desaparece bruscamente en el curso de un trámite en una oficina de Buenos Aires ; ese cuento era agresivo para la Junta Militar porque diariamente en la Argentina desaparecen personas de las cuales no se vuelve a tener noticias. [...] El segundo relato prohibido narraba una visita clandestina que hice en 1976 a la comunidad de Solentiname, en el gran lago central de Nicaragua. Nada hay en él que pueda ofender directamente a la Junta argentina, pero todo en él la ofende porque dice la verdad sobre lo que sucede hoy en tantos países latinoamericanos[4].

Habremos reconocido los dos cuentos «Segunda vez» y «Apocalipsis de Solentiname». Claro que por más que Cortázar reivindicara para estos relatos un estatuto de texto literario, y no de panfleto, de documentario dogmático o de testimonio político, no faltó quien considerase la posición ideológica personal que venía tomando el escritor desde el triunfo de la Revolución cubana en 1959[5], y la exploración de su toma de conciencia socio-política por medio de la ficción gracias, por ejemplo, a su novela *Libro de Manuel* (1973), incompatibles con la calidad artística de su producción literaria. Su decisión solidaria de participar y de simpatizar desde su voluntario exilio en Francia, pero actuando como escritor y por medio de la escritura, a la lucha histórica contemporánea de todos aquellos pueblos latinoamericanos contra toda forma de injusticia y de opresión, política o cultural, levantó gran polémica entre los críticos, por no decir que levantó escándalo, ya que lo segundo no es un eufemismo si se considera la monolítica declaración de Danubio Torres Fierro sobre *Alguien que anda por ahí*, «descalificado como obra de arte» : «es como si alguien se

---

4. Julio Cortázar, «El lector y el escritor» [1978], in Saúl Sosnowski (Editor), *Obra crítica /3*, Madrid, Alfaguara, 1994, p. 175-176.
5. «La Revolución Cubana me despertó a la realidad de América Latina ; fue cuando, de una indignación meramente intelectual, pasé a decirme : "hay que hacer algo"». Julio Cortázar, in Ernesto González Bermejo, *op. cit.*, p. 117. O bien, «La revolución cubana [...] me mostró entonces y de una manera muy cruel y que me dolió mucho, el gran vacío político que había en mí, mi inutilidad política. Desde ese día traté de documentarme, traté de entender, de leer : el proceso se fue haciendo paulatinamente y a veces de una manera casi inconsciente. Los temas en donde había implicaciones de tipo político o ideológico más que político, se fueron metiendo en mi literatura». Julio Cortázar, in Omar Prego, *op. cit.*, p. 129.

atareara afanosamente en mezclar el agua y el aceite»[6] prosigue el reproche, considerando imposible y manifiestamente de mal gusto la conciliación entre un tema histórico y su tratamiento por medio del género fantástico. Y esto después de haber sido Cortázar varias veces tachado por demás críticos, inversamente, de «escapista», por no haberse comprometido antes con la turbulenta realidad histórica latinoamericana, y luego por no entregar ciega y exclusivamente su producción literaria a un dogmatismo Revolucionario doctrinario[7].

No indagaremos en la polémica más de lo que pudo conciliar el mismo Cortázar en su explícita, rica y matizada *Carta a Fernández Retamar*[8] y en varios de sus ensayos, intervenciones o coloquios anteriores y posteriores, en que el autor reiteró su posición de intelectual y escritor como «aquél en quien se fusionan indisolublemente la conciencia de su libre compromiso individual y colectivo con esa otra soberana libertad cultural que confiere el pleno dominio de su oficio»[9], respondiendo así a ambos bandos. Jaime Alazraki[10], Pierre Mertens[11], Saúl Sosnowski[12] y todos los críticos y lectores que se esfuerzan por rendirle cuenta al arte narrativa de un escritor, y no por extender o por reconvenir la atribución del adjetivo "comprometido" a un autor, ni menos por discutir la calidad literaria de una obra tomando por sólo criterio la presencia en ella de un tema político, han superado sin más desvelos lo que no es, en definitiva, sino un falso problema.

Lo que nos interesa recalcar, es que en *Alguien que anda por ahí*, los cuentos llamados "comprometidos" figuran precisamente entre los cuatro cuentos que más responden a las

---

6. Estas declaraciones están incluidas en Julio Cortázar, «Para Solentiname» [1977], in *Obra crítica /3, op. cit.*, p. 151-159.
7. Julio Cortázar, «Littérature et révolution» [1969], *L'Arc*, n° especial Julio Cortázar, París, 1980, p. 63-81.
8. Julio Cortázar, «Carta a Roberto Fernández Retamar (Sobre "Situación del intelectual latinoamericano")» [1967], in *Obra crítica /3, op. cit.*, p. 29-43.
9. Julio Cortázar, «Algunos aspectos del cuento» [1962], in Jaime Alazraki (Editor), *Obra Crítica /2*, Madrid, Alfaguara, 1994, p. 382.
10. Jaime Alazraki, «Imaginación e historia en Julio Cortázar», in *Los ochenta mundos de Julio Cortázar*, Madrid, Edi 6, 1987, p. 1-20.
11. Pierre Mertens, «Façons d'écrire», *L'Arc, op. cit.*, p. 82-89.
12. Saúl Sosnowski, «Julio Cortázar ante la literatura y la historia», in *Obra crítica /3, op. cit.*, p. 9-23.

exigencias estéticas y literarias del género fantástico, evitando así Cortázar en caer en un realismo combativo o doctrinario, e integrando de manera coherente su exploración ideológica personal a la búsqueda literaria que le venía impulsando desde sus primeros relatos. La elaboración de estos cuentos de carácter ideológico-político en un género de ficción pura como lo es el género fantástico[13] resalta tanto más cuanto que colindan con demás cuentos en que los temas fantásticos quedan eclipsados, como lo dijimos, por problemáticas más interiorizadas, más individuales, más humanizadas, centrados en torno a los personajes y al ambiente que resulta de sus vivencias.

Es más, esta copresencia en un mismo volumen de cuentos que reflejan por una parte una preocupación social, y por otra una preocupación individual, es más significativa de lo que aparenta ; estas dos preocupaciones fraternales se nutren la una de la otra, siendo, como lo advirtiera Cortázar años más tarde, las dos vertientes de un mismo cambio en la evolución de su obra narrativa :

> todo esto que te estoy diciendo acerca de esa especie de entrada en la conciencia política o ideológica [...] no tendría demasiado sentido si no se conectara con otra cosa. Y así como te cité *Reunión* como el primer cuento que marcaría esa entrada en el campo ideológico y por lo tanto una participación (porque ahí yo ya entré participando), de esos mismos años debería citar, de manera simbólica, ese otro cuento que es *El perseguidor*[14]. [...] En *El perseguidor* la política no tiene absolutamente nada que ver, la ideología tampoco. Pero sí tiene que ver, por primera vez en lo que yo llevaba escrito hasta ese momento, con una tentativa de acercamiento al máximo de los hombres como seres humanos. Hasta ese momento mi literatura se había servido un poco de los personajes, los personajes estaban ahí para que se cumpliera un acto fantástico, una trama fantástica. Los personajes no me interesaban demasiado, yo no estaba enamorado de mis personajes, con una que otra excepción relativa. En *El perseguidor* [...] el autor trata ahí de estar lo más cerca posible de su

---

13. «Si la totalidad de cualquier obra narrativa puede clasificarse como "ficción", está claro que la literatura fantástica es el más ficcional de todos los géneros literarios, dado que por definición consiste en volverle la espalda a una realidad universalmente aceptada como normal, esto es, no fantástica, a fin de explorar otros corredores de esta inmensa casa en la que habita el hombre». Julio Cortázar, «El estado actual de la narrativa en Hispanoamérica» [1976], in *Obra crítica /3, op. cit.*, p. 91-92.
14. In *Las armas secretas* (1959).

piel, de su carne, de su pensamiento. Y si hago esta referencia a este otro cuento es porque en el fondo se trata de una misma operación[15].

Desde este cambio que el autor señalara con su cuento *El perseguidor*, y que lo llevara a escribir su novela fundamental *Rayuela* (1963), vale entonces indagar si no es, finalmente, su concepción de lo fantástico que tomara nuevo cariz en su producción literaria. Cortázar insiste en que

> quizá no pasó de un mero desplazamiento, es decir, que de la invención compensatoria de temas fantásticos (compensatoria en un sentido hedónico, el de hacer «literatura» para escapar de la circunstancia cotidiana) derivé a una búsqueda central, enraizada en lo humano, *pero igualmente fantástica en la medida en que el hombre está todavía muy lejos de haberse realizado plenamente*[16].

Lo fantástico abarca entonces no sólo lo llamado "insólito", las excepciones a las reglas de la normalidad, sino el mismo ser humano propuesto como enigma, como materia de lo desconocido. De ahí estos cuentos de *Alguien que anda por ahí* en que la temática de lo fantástico queda interiorizada en los personajes, en el misterio del hombre, en el misterio de su identidad. Así pues descubrimos a personajes como Boby («En nombre de Boby»), problematizado en torno a una división conflictiva entre el consciente / el inconsciente del ser. O a personajes como Valentina («La barca o Nueva visita a Venecia»), prisionera de una angustia inexplicable y solapada que la socava. O a Estévez («La noche de Mantequilla»), cuya identidad queda materialmente aniquilada al entrar en contacto con la identidad incierta de Walter. Las relaciones entre los personajes y la comunicación que se establece entre los seres también son materia de misterio : las relaciones amorosas («Cambio de luces», «Vientos alisios», «Las caras de la medalla»), o las relaciones filiales («Usted se tendió a tu lado») no se establecen sino por el intermedio de una barrera invisible que separa irremediablemente a los personajes. Esta incomunicabilidad infranqueable e incontrolable resulta tanto más inquietante cuanto que el sufrimiento que resulta de ella y que socava a los personajes en sus respectivos desencuentros revela una indeterminación de su propia identidad : el propio yo es un enigma.

---

15. Julio Cortázar, in Omar Prego, *op. cit.*, p. 129-130.
16. Julio Cortázar, «Entrevista con Julio Cortázar», *Alcor*, n° 29, Asunción, 1964, p. 2. El subrayado es nuestro.

El enigma de la identidad es un tema estructural en relatos como «Cambio de luces» o «La noche de Mantequilla». En «Cambio de luces» los personajes son víctimas de una serie de desdoblamientos complejos de su identidad. La identidad de un personaje no se manifiesta por un todo coherente : la identidad queda disociada entre su voz y su imagen física (en el caso de Tito), o entre su escritura y su imagen física (en el caso de Luciana). Pero el cuento problematiza esta disociación entre voz - imagen - escritura, en un terreno de asociaciones y disociaciones más amplio, el terreno de identificaciones que se da por el intermedio de la representación : por una parte, la necesidad para el escritor Lemos de escribir papeles de personajes de radionovela de manera a que los radioescuchas puedan identificar fácil y monolíticamente los personajes de ficción que escuchan, pero que no ven (escritura = personaje de ficción = voz = ~~imagen~~). Y por otra parte, la necesidad para Tito, como actor de estas novelas radiofónicas, de disociarse entre su persona real (un hombre bueno) y su máscara de actor (el tipo del canalla) ; pero también la necesidad de provocar con su talento de actor la confusión entre personaje de ficción y persona real para inyectar veracidad en la ficción, quedando entonces Tito identificado al personaje de villano que interpreta, pero que para los radioescuchas representa (voz = personaje de ficción [el canalla] = actor = persona real [Tito para los radioescuchas : un canalla] = ~~persona real~~ [Tito para Tito : el bueno]) : «Creyendo que odian al príncipe lo odian a usted, la gente confunde» (p. 119), quedando reducida la identidad de Tito al «antifaz de su papel» (p. 122).

Ya se estará adivinando que la reunión de cada porción de estas identidades escindidas no basta para reconstituir la totalidad del ser : sigue faltando Tito, como persona real[17]. ¿Y si Tito fuese imagen, una imagen que no existe («no me importa que *Sintonía* y *Antena* publiquen fotos de Míguez y de Jorge Fuentes pero nunca de usted» p. 119) ? Cada tentativa de restablecer la cadena de identificaciones se hace a costa de la desmultiplicación de las identidades, pagando como deuda la supresión de una de ellas por sustituírsele otra que la niega o que la excluye. En efecto cada porción es a su vez recuperada y pervertida por la imagen mental que induce en los demás personajes : cada personaje del cuento, con su carga de

---

17. «Sabemos tantas cosas, que la aritmética es falsa, que uno más uno no siempre son uno sino dos o ninguno», in «Las caras de la medalla», p. 202.

sentimientos y de imaginario[18], opera una mediación mental de la identidad, que no coincide con la identidad real, y que termina por negarla al sustituírsele. Así para Tito, Luciana queda identificada con la imagen mental que produce su escritura en él («Ella era como los sobres lila, como las simples, casi tímidas frases de su carta» p. 125) : dicha imagen mental no coincide con la imagen física de Luciana, y termina por negarla. Luciana es así desposeída de su identidad por Tito, su Pigmalión que la fuerza a volverse idéntica a la imagen mental que él tenía de ella antes de conocerla : Luciana se convierte en el espejo de una mujer imaginaria, en el vicario involuntario de su doble fabricado e idealizado por el amor posesivo de Bruno. La proyección de este doble no es simple, ya que es a su vez el fantasma mental de otro amor ausente de Tito, Bruna, «un hueco en el aire que Luciana empezó a llenar sin saberlo» (p. 123) : la identidad se define así como una doble sustitución.

Pero la propia identidad de Tito también es víctima de una sustitución : para los radioescuchas, la voz de Tito en las radionovelas induce la imagen mental de un villano, que asocian a la identidad real de Tito, negándola. Tito es pues también el espejo de las «identificaciones psicológicas con los personajes» (p. 121) que él, para los radioescuchas, no interpreta sino representa, al proyectar el público en él sus propios monstruos mentales. Y si para Luciana, capaz de deslindar el actor del personaje, la voz de Tito induce tanto la imagen mental del personaje de ficción («los personajes los había visto tal como Lemos los pintaba» p. 123) como, «al mismo tiempo» (p. 123), la imagen opuesta, la imagen mental de quien ella cree ser la verdadera identidad de Tito, esta imagen mental no coincide con la imagen física de Tito («[lo] había imaginado más alto, con pelo crespo y ojos grises» p. 123). El amor que Luciana siente por él no opera como una fuerza integradora de identificación, sino como una fuerza disociativa. Y tanto para los radioescuchas como para Luciana, Tito queda prisionero de su doble máscara. Tito queda triplemente desposeído, ya que a su vez, su papel de canalla está fabricado por otro, por Lemos, el autor de las radionovelas. Y en su intento desesperado por reconquistar el control de esta identificación fantasmagórica «haciendo [los papeles] míos y

---

18. Los radioescuchas «Creyendo que...» (p. 119) ; Tito «esa mujer que imaginaba...» (p. 120), «siempre he sido visual y fabrico fácil cualquier cosa» (p. 121) ; Luciana «me había imaginado...» (p. 123).

no de Lemos» (p. 120) con su talento de actor, Tito no hace más que multiplicar los dobles que lo habitan, «transformando las frases más simples en un juego de espejos que multiplica lo peligroso y fascinante del personaje» (p. 120).

La identidad no se presenta pues como un todo monolítico, sino como una multiplicidad de escisiones : la identificación opera una mediación mental dentro de la mediación representativa, y la única porción en que los personajes se sienten coincidir consigo mismos queda negada, sustituida por otra, un doble mental. La operación inversa, la apropiación de la identidad, también es su negación.

La particularidad de este tipo de cuentos es que el tema del doble, tema favorito del género fantástico, se genera sin deberle nada a una narrativa de tipo gótico : el tema del doble no aparece como una irrupción de lo sobrenatural, sino que está reinventado y reconstruido a partir del enigma de la identidad y de la identificación, y está tratado en el cuento como un enigma que puede desplegarse escarbando un tanto en una situación perfectamente cotidiana, trivial y vivencial como lo es la ficción en las novelas radiofónicas, o el encuentro y el reconocimiento amoroso.

De la misma manera el cuento «La noche de Mantequilla» pone en tela de juicio la identidad, problematizada esta vez en torno a la nominación de los personajes : el hecho de que alguien se denomine Walter no garantiza que esa persona sea Walter, lo que lleva a la aparente contradicción "Walter no era Walter" : esta identidad incierta provoca la aniquilación material de la identidad de Estévez («el *problema* ahora *sos vos*» p. 219). Y de la identidad de Walter, sólo queda una pregunta sin respuesta, «¿Pero entonces quién era el que...?» (p. 219), una identidad hueca. Pero esta doble negación de la identidad está a su vez emnarcada en un juego de identificaciones más amplio : por ser argentino, Estévez se identifica con el boxeador argentino Monzón en el ring ; en cuanto al incierto Walter, éste se identifica con el boxeador Nápoles (Mantequilla) : «siempre me han gustado los desafiantes» (p. 215). Gracias a este juego de identificaciones, Estévez y Walter luchan en dos planos : en el plano real de su actividad política, pero también simbólicamente en el ring. Esta lucha simbólica en la que Estévez (Monzón) resulta vencedor y Walter (Nápoles) perdedor, se proyecta como un símbolo que revela, pero de manera invertida, el destino de los personajes : la identificación con los boxeadores, sus dobles, queda invertida, «Monzón pegándole a [Estévez] y no a Mantequilla» (p. 218), «ahora que lo pensaba era raro que [Walter] hubiese estado del lado del perdedor, tendría que haber estado con Monzón [...] burlándose del vencido» (p. 219).

Como Tito en «Cambio de luces», quien urde una telaraña de identidades en la que él mismo termina atrapado sin barruntarlo, Estévez queda atrapado sin quererlo en una telaraña de identificaciones que teje el significado y el cumplimiento de su destino, una telaraña resbaladiza y pegajosa como la mantequilla. Por medio del doble el individuo no sólo pierde su identidad, sino también el control de su destino, ingresando en una cadena de identificaciones que le es ajena pero que al mismo tiempo lo constituye, nutriendo la sospecha de que «aparte de nuestros destinos individuales somos parte de *figuras* que desconocemos»[19]. La identidad monolítica del individuo y el control de su destino son entonces un mito: el individuo parece formar parte de un tejido simbólico que no sospecha, que no comprende, o que apenas vislumbra intuitivamente pero como algo ininteligible («Estévez sintió confusamente...» p. 218), y que lo pone en relación con "otro plano" que se cumple según unas leyes enigmáticas predeterminadas que se le escapan a su razón y a su voluntad.

Estos relatos despiertan así «la sospecha de otro orden más secreto y menos comunicable»[20], de «algo que tenía como un tiempo aparte, una distancia hueca»[21], la sospecha de que existe otro nivel del ser, de la mente, de las relaciones cotidianas, y finalmente de la realidad, que por más que no sea ajeno al mundo real ni completamente ajeno a la razón, no opera de manera visible ni controlable: opera de manera socavada y oscura en los personajes, terminando por imponerles su fuerza, enajenarlos y dominar su voluntad sin que ellos se den cuenta y puedan reaccionar, desadueñándolos de sí mismos y de su destino. Así mismo Boby, por ejemplo, es dominado por el lado nocturno de su mente, su inconsciente, que lo asalta por las noches en sus pesadillas en las que se le impone la terrible certeza de que su madre es «mala con él»; y su lucha diurna y consciente por domar esas fuerzas oscuras que lo sobrepasan,

---

19. Julio Cortázar, in Luis Harss, *Los nuestros*, citado por Malva E. Filer, «Las trasformaciones del yo», in Helmy F. Giacoman (Editor), *Homenaje a Julio Cortázar. Variaciones interpretativas en torno a su obra*, Nueva York, Las Américas, L.A. Publishing Company, 1972, p. 274.
20. Julio Cortázar, «Algunos aspectos del cuento» [1962], in *Obra crítica /2, op. cit.*, p. 368.
21. «Alguien que anda por ahí», p. 210.

que no comprende y que lo culpabilizan por ser rotundamente incompatibles con el incontestable amor de su madre, pilar de su mundo y de su ser, fracasa, quedando atrapado el chico en la red conflictiva de censura y refulgencia que se establece entre su consciente y su inconsciente, y que lo arrastra sin el menor control posible de su voluntad. Estas fuerzas resultan inquietantes por ser latentes e indómitas, por desarrollar una actividad independiente de la voluntad del sujeto y no controlada por su conciencia, pero sobre todo por hacer brotar pulsiones malignas incontrolables que habitan solapadas en el espíritu incluso más angelical y puro como lo puede tener un niño inocente y bueno como Boby. Pero hay aún más inquietante: por poco que nos identifiquemos con él, lo que nos facilita el cuento ya que su situación «podría ser vivida por mucha gente»[22], lo onírico, el lado nocturno del ser, despierta la sospecha de nuestra propia y abominable fraternidad con los monstruos, con las fuerzas del mal.

De la misma manera Vera y Mauricio, los personajes principales de «Vientos Alisios», quedan atrapados en las leyes de un juego cuyas reglas ellos mismos habían fijado, pero que terminan por sobrepasar los límites que ellos creían poder controlar: algo más se estaba tramando solapadamente tras las reglas fijadas, algo más que los lleva sin que lo barrunten más allá de ellos mismos, víctimas de una trampa que ellos mismos urdieron sin siquiera sospecharlo. Lo mismo se puede decir de Mireille y de Javier, arrastrados sin quererlo por códigos amorosos que no les pertenecen, hechos de «gestos de hombre y acatamientos de mujer» (p. 201), de rituales sociales, y que los conducen pese a ellos mismos por caminos divergentes, arrastrados en «un sistema que los abarcaba y los sometía» (p. 197). O de María Elena en «Segunda vez», quien queda prisionera de un sistema burocrático que la sobrepasa y que la transforma abominablemente en víctima involuntaria. O también de Jiménez («Alguien que anda por ahí»), atrapado en un destino que lo lleva a un encuentro insospechado con su muerte. O de Jacobo («Reunión con un círculo rojo»), prisionero de una realidad más amplia que la que él había logrado percibir en el restaurante: otro acontecimiento estaba ocurriendo solapado tras las apariencias, y que lo proyecta en un orden que lo desposee de las riendas de su destino.

---

22. Cf. *Conversaciones con Cortázar, op. cit.*, p. 31.

Las fuerzas de ese «otro orden» se manifiestan pues como una sutil perversión del orden en que creen estar los personajes, como una alteridad latente que habita la realidad cotidiana, lo que pone en tela de juicio la coherencia de ésta, y fisura su apacible apariencia, revelando su naturaleza dual. Y para que sea fantástica, no es necesario que dicha alteridad se encarne literariamente en monstruos, en seres extraordinarios, o en una excepción de origen sobrenatural con respecto al orden regular de la naturaleza, como se da el en caso de los *revenants* de «Reunión con un círculo rojo» y de «Alguien que anda por ahí», o en el caso de las transformaciones sobrenaturales de «Segunda vez» y «Apocalipsis de Solentiname» ; Cortázar señala que

> la erupción de lo otro se produce en mi caso de una forma marcadamente trivial y prosaica. [...] Para mí la idea de lo fantástico no significa solamente una ruptura con lo razonable y lo lógico o, en términos literarios y sobre todo de ciencia ficción, la representación de acontecimientos inimaginables dentro de un contexto cotidiano[23].
> Lo fantástico puede darse sin que haya una modificación espectacular de las cosas. Simplemente para mí lo fantástico es la indicación súbita de que, al margen de las leyes aristotélicas y de nuestra mente razonante, existen mecanismos perfectamente válidos, vigentes, que nuestro cerebro lógico no capta pero que en algunos momentos irrumpen y se hacen sentir. [...] Se llega a sentir como presente, pero por la vía intuitiva y no por la racional[24].

Lo fantástico es entonces para Cortázar una invitación a cuestionar la aparente continuidad tranquilizadora de la realidad, pero desde el interior mismo de los mecanismos latentes que la rigen y que originan su dualidad, desde el interior mismo de lo que vivimos como más cotidiano o más banal : «mis cuentos son [...] aperturas sobre el extrañamiento, instancias de una descolocación desde lo cual lo sólito cesa de ser tranquilizador porque nada es sólito apenas se lo somete a un escrutinio sigiloso y sostenido»[25].

Lo fantástico es pues también una invitación a cuestionar la razón que suele aceptar sin chistar las tranquilizadoras apariencias de la realidad : «El absurdo es que salgas por la

---

23. Julio Cortázar, «El estado actual de la narrativa en Hispanoamérica», in *Obra crítica /3, op. cit.*, p. 98-99.
24. Julio Cortázar, in Ernesto González Bermejo, *op. cit.*, p. 42-43.
25. Julio Cortázar, «Volviendo a Eugenia Grandet», in *La vuelta al día en ochenta mundos, op. cit.*, t. 1, p. 41.

mañana a la puerta y encuentres la botella de leche en el umbral y te quedes tan tranquilo porque ayer te pasó lo mismo y mañana te volverá a pasar. En ese estancamiento, ese así sea, esa sospechosa carencia de excepciones. Yo no sé che, habría que intentar otro camino»[26]. Es una invitación a despojarnos de nuestros convencionalismos razonantes que nos han sido inculcados desde la infancia, y que nos han ido censurando, como a Boby, la natural disposición poética de nuestra mente de niños aún no pervertida por las reglas clasificadoras, «Qué raro que los árboles se abriguen en verano, al revés de nosotros»[27]. Es una invitación a cuestionar nuestros postulados epistemológicos habituales mitificadores de una continuidad improbable :

> nuestra realidad cotidiana enmascara *una segunda realidad*, que no es ni misteriosa ni teológica, sino profundamente humana. Y sin embargo, a causa de una larga serie de equivocaciones permanece escondida bajo una realidad prefabricada por muchos siglos de cultura, una cultura en la que existen grandes hallazgos pero también profundas aberraciones, profundas distorsiones[28].

En este sentido lo fantástico cortazariano se acerca a lo fantástico borgeano, que no origina la alteridad en el reino de lo sobrenatural o de lo maravilloso, sino en el pulcro laberinto de cultura, de símbolos y de sistemas que nuestra razón ha venido tejiendo como único medio para adueñarse de la inasible realidad. Este deliberado rechazo de vertir lo fantástico en un elemento exterior a la realidad, en su fácil clasificación dentro de "lo extraordinario" o "lo sobrenatural", es uno de los aspectos de la modernidad de los cuentos de Cortázar, apartándose éstos del género fantástico tradicional - aunque se refiera a menudo a éste como soporte cultural, reinventándolo constantemente - e invitando a utilizar una nueva terminología, como lo hiciese Jaime Alazraki denominando esta nueva modalidad de lo fantástico lo «neofantástico»[29].

---

26. Julio Cortázar, *Rayuela* [1963], Barcelona, Bruguera, 1984, cap. 28, p. 196.
27. Julio Cortázar, «Para una poética» [1954], in *Obra crítica /2, op. cit.*, p. 267.
28. Julio Cortázar, in Margarita García Flores, «Siete respuestas de Julio Cortázar», *Revista de la Universidad de México*, n° 7, vol. 21, México, marzo de 1967, p. 11.
29. Jaime Alazraki, *En busca del Unicornio : los cuentos de Julio Cortázar. Elementos para una poética de lo neofantástico*, Madrid, Gredos, 1983. O bien

Las técnicas narrativas de este tipo de relatos se dedican así a originar esta «segunda realidad» solapada dentro de la realidad aparente, pero sin quebrarla necesariamente «de una forma, áspera o directa, ni [...] cortante»[30].

Tomemos como ejemplo el cuento «En nombre de Boby». La escena de apertura (p. 148) encauza el sentido de manera a determinar una interpretación aparente evidente : un espectáculo inocente. La «linda fiesta» del octavo cumpleaños de Boby, los regalos, la «torta con velitas», los amiguitos de Boby jugando. Inocente el ambiente : «nos reímos mucho porque todo el mundo estaba contento». Inocentes también los personajes : un Boby bien educado que trae buenas notas de la escuela, dos hermanas adultas y amorosas que sólo se preocupan por la educación del hijo, y por que los chicos no arruinen las plantas con la pelota de fútbol. ¿ Qué se necesita para transformar este sábado juguetón en otra escena angustiante que opera subrepticia en él ? Inyectarle la zozobra, una zozobra al principio incierta y casi ridícula por parte de la narradora copartícipe de la escena («yo, claro, no dejé de vigilar a Boby y eso que me parecía estar perdiendo el tiempo, vigilando qué si no había nada que vigilar»), pero que opera como principio catalizador para empezar a organizar los elementos de otra manera que la planteada por el orden aparente. Así mismo el «miedo», «esa mirada» de Boby y «el cuchillo», que sin esa zozobra se hubiesen quedado dispersos en un nivel denotativo neutro aparente (miedo a que Boby regrese con malas notas al colegio, miedo a que los chicos estropeen las plantas jugando con la pelota, una mirada de Boby que la madre no advierte, y el cuchillo largo para cortar la torta), adquieren con la zozobra una carga connotativa angustiante que permite al lector hilarlos en una cadena significativa distinta : con las mismas palabras el texto ya no dice "miren a este chico inocente celebrando su cumpleaños", sino "cuidado, cuidado con ese cuchillo que tiene el chico en la mano", sin necesidad que la palabra "crimen" quede siquiera pronunciada. La realidad es la misma y sigue allí, pero no significa lo mismo. Un temor latente destruye el sentido

---

«Hacia la última casilla de *Rayuela*», in AA. VV., *La isla final*, Madrid, Ultramar, 1983, p. 9-45.
30. Julio Cortázar, «El estado actual de la narrativa en Hispanoamérica», in *Obra crítica /3, op. cit.*, p. 100.

primero denotativo de la escena, y todo se convierte en connotación. Luego el resto de la historia podría ser incluso narrada como antes, el sentido queda pervertido : el lector ya sabe que algo se está tramando tras tanta inocencia. La inocencia no está perdida : está socavada por un segundo sentido del texto que voltea cada gesto en su escondida faz de angustia, que pone en evidencia el rostro escondido de los gestos más simples y aparentemente inócuos, el rostro de la nada.

La estrategia narrativa consiste pues en contaminar progresivamente el orden planteado en el texto como realidad aparente por elementos que inicialmente la componen, pero que la organización del material narrativo va desajustando de ella por el intermedio de la doble naturaleza denotativa / connotativa de las palabras. Las palabras se cargan así de una dualidad estructurante del relato : el texto mismo se desdobla, como contando una historia mientras se cuenta otra. Los elementos alterantes no intervienen como una realidad exterior cortante, ni como una irrupción : al mantener oculta la incubación de la segunda historia en la primera, se da la ilusión de que la alteridad dormía agazapada en la realidad aparente, pero no obstante cumpliéndose. Y qué mejor manera de ocultarla que en la invisible escritura de la naturaleza dual de las palabras, del miedo al miedo, de la mirada a la mirada, del cuchillo al cuchillo, y, quizás, al cuchillo.

Se advierte la misma estrategia narrativa en el cuento «Reunión con un círculo rojo», pero esta vez, el desajuste progresivo opera desvinculando ciertos elementos del orden lógico planteado como realidad aparente. La narración insiste inicialmente en recuperar todos los elementos en un orden lógico, natural y convencional («Como era lógico Usted eligió...» p. 189, «Es raro que alguien encuentre mal el vino» p. 190), insiste en todos los detalles lógicos que acompañan los gestos de servir comida en un restaurante, o de observar un entorno desconocido mientras se fuma apaciblemente un cigarrillo. Sin embargo ciertos detalles y sensaciones aparecen progresivamente desvinculados del orden lógico de las cosas, y se sustraen al orden normal de la causalidad : ciertos objetos aparecen desvinculados de la temporalidad («el salero fuera de ritmo» p. 189) ; el espacio pierde su unicidad coherente («la diminuta mujer [...] que llegó como desde la nada» p. 189) ; la mente de Jacobo tarda en conectar lógicamente la mano peluda que se le presenta con la de un camarero (p. 190), y ciertos objetos aparecen desvinculados de su identidad («sacaba algo que no se podía ver en la penumbra» p. 191), convirtiendo la cadena lógica inicial en «absurda cadena lógica» (p. 190). A partir de ese momento, todos los detalles denotativos del espacio del restaurante y de los acontecimientos que en él suceden se cargan de una connotación «insensata», «falsa», o «engañosa» (p. 190) que cambia el sentido aparente inicial de las cosas : «eso que había sido tan agradable al llegar y ahora era diferente» (p. 192).

«En todo eso, que no era nada» (p. 191), en todo eso perfectamente normal en apariencias, algo se sustrae a la cadena causal, creando así un terreno favorable a lo fantástico en que la lógica pierde sus asideros : Jacobo pierde la noción del tiempo («no hubiera podido precisar el momento...» p. 192, «nunca supo cuánto tiempo...» p. 193), pierde su razón lógica explicativa dejándose llevar por la intuición («olió el peligro» p. 192, «todo era un simple bloque, una evidencia sin razones» p. 193, «algo que tenía que abrirse y funcionar en lo más hondo para que todo eso alcanzara un sentido» p. 193), y pierde las riendas de su destino («entró antes de alcanzar a decidirlo en ese nivel donde nada había sido decidido» p. 194). En ese terreno el principio de contradicción ya no opera, quedando íntimamente vinculados los inversos que lógicamente deberían excluirse («daba lo mismo entrar que irse» p. 194), y la identidad de Jacobo se fisura en una dualidad ya anunciada por los extraños reflejos en los espejos («Su propia voz le sonó como distante, algo que viniera desde el otro lado del espejo del mostrador» p. 194), terminando por quedar aniquilada.

El suspenso en este tipo de relatos reside en la insistencia sobre la contaminación progresiva, en la gradual perversión del paisaje inicial. La narración insiste en el elemento perverso, como visto en primer plano : esta insistencia prepara al lector al desenlace. El suspenso reside pues menos en la sorpresa del desenlace, que en estas advertencias dilatadas a favor del estiramiento subjetivo del tiempo, y que en «En nombre de Boby», está favorecido por ese estado de insomnio en el que la narradora asume su narración. El suspenso es esta viscosidad del tiempo, es la dilatación insoportable de la indecidibilidad prolongada de un suceso. El cuento «Segunda vez» prolonga esta indecidibilidad hasta más allá del texto, ya que el final del cuento no coincide con el desenlace de la intriga : la temporalidad del desenlace ("lo que le sucederá a María Elena el siguiente jueves") queda indefinidamente dilatada fuera del texto. Sin embargo si el desenlace no se escribe, se inscribe de manera cifrada en la temporalidad que entonces connota el título precisamente a favor de esta ausencia de escritura. Del título denotador ("segunda vez" : sucesión del tiempo) al título connotador ("segunda vez" : repetición del tiempo, implacable y aterradora infracción al tiempo sucesivo) hay un abismo de tiempo : el tiempo de la lectura, pero también ese tiempo que no se escribió (¿ se puede escribir el tiempo ?), y que al no escribirse, produce el sentido del cuento.

Podemos llamar así estos cuentos, según la terminología de Cortázar, cuentos «de tensión» : una tensión «que se ejerce en la manera con que el autor nos va acercando lentamente a lo contado», o cuentos en los que «se siente de inmediato que los hechos en sí carecen de importancia, que todo está en las fuerzas que los desencadenaron, en la malla sutil que los precedió y que los acompaña»[31].

Todo se desencadena pues a partir de un orden planteado como natural : todo se desarrolla normalmente, convencionalmente, incluso en la mediocridad o la insensibilidad general, hasta que alguien se de cuenta de que un elemento del conjunto, aparentemente inócuo, por un comportamiento inexplicable, se presenta como una distorsión que desvía el sistema, el elemento perverso que hace bascular la realidad aparente. Mientras más familiar o convencional aparezca el ambiente, más susceptible es de convertirse en un malestar, por poco que uno de los elementos que lo componen se ponga a volar en el sentido opuesto al viento, como en el caso de «Segunda vez», en el que la insistencia marcada en todos los personajes que entran y salen de la oficina preparan el lector a la excepción a la regla, Carlos, quien no sale de la oficina.

La estrategia narrativa opera así un desdoblamiento progresivo del orden planteado en el texto. Pero inversamente, dos órdenes planteados como distintos pueden terminar por aunarse en uno sólo, vertiendo en un acontecimiento en apariencias deslindado del acontecimiento visto en primer plano, la cifra de los sucesos. La realidad aparece desdoblada en un plano referencial y en otro simbólico, en el que se juegan analógicamente todas las cartas del primero, como en «La noche de Mantequilla». En un cuento como «La Barca o Nueva

---

31. Julio Cortázar, «Algunos aspectos del cuento», in *Obra Crítica /2*, *op. cit.*, p. 378-379.

visita a Venecia», este plano simbólico se da por el intermedio de un anuncio : la caída de la golondrina muerta. En apariencias este anuncio está deslindado de la razón, «no tenía el menor sentido» (p. 169), estaba «fuera de toda lógica» (p. 171), pero cristaliza la puerta por la cual se deslizarán todas las angustias de muerte que iba presintiendo Valentina, quedando íntimamente entrelazados eros y tánatos en ese otro espacio simbólico que representa por excelencia la ciudad de Venecia32, y en ese interregno del tiempo y de la costumbre como lo es estar de turista (p. 162).

En «Cambio de luces», el texto establece una relación de analogía entre los dos planos narrativos correspondientes a las novelas radiofónicas y al encuentro amoroso entre Tito y Luciana, haciendo del uno el doble del otro. En efecto el texto sugiere una contaminación entre las tramas de las novelas y la trama amorosa de Luciana y Tito : «Si se lo hubiera contado a Lemos le habría dado una idea para otra pieza, clavado que el encuentro se cumplía [...] y entonces el muchacho descubría que Luciana era idéntica a lo que había imaginado» p. 122). El tema del amor romanticón de las novelas destiñe humorísticamente en el amor de Luciana y Tito ; «esas relaciones de gallo ciego» (p. 123), aplicadas en el texto a la relación entre Luciana y Tito, muy bien podrían aplicarse también entre los actores de las novelas y los radioescuchas ; la «consabida telaraña de maldades» (p. 121) que teje Tito como villano en las novelas se desliza en el texto en la «lenta telaraña amorosa» (p. 125) que urde Tito en torno a Luciana.

Estos paralelismos convierten así en estructural el tema del doble tratado en el relato, integrándose el tema del doble en una problemática textual. Así es como Cortázar utiliza las mismas palabras para referirse a varios planos distintos : el «papel» es tanto el papel de los personajes que interpreta Tito, como el material en el cual está escrito su guión («a la hora de leer el papel en la radio...» p. 120), y como el material de las cartas de Luciana o el de la carta de Tito («todo se quedaba en un relleno de papel, dos o tres frases...» p. 120). "El papel" *es* pues tres cosas distintas en una, quedando quebrada la pretendida identidad de la palabra misma definida como identidad entre un significante y "su" supuesto significado, entre un continente y "su" supuesto contenido, como una fotografía que ya no coincidiera con la imagen que se ha

---

32. Pensamos en *Muerte en Venecia*, de Thomas Mann.

tomado[33]. De la misma manera, el verbo "ser", usualmente utilizado para definir la relación de identidad (A es A), falla en el texto a la hora de definir la identidad : para los radioescuchas, Tito «es antipático y villano» (p. 119), definiendo con el verbo "ser" la identidad del personaje y no de la persona ; pero incluso si para Luciana Tito «es tan diferente del príncipe cruel», también ella cae sutilmente en el engaño del verbo, escribiendo en la misma carta «cuando usted *era* Vassilis, el contrabandista asesino» (p. 119) : el reflejo impone su máscara. La utilización del verbo en la segunda frase niega su sentido en la primera : en el verbo "ser" se desliza su negación, "no ser". En este tipo de deslices en que un personaje es siendo otra cosa sin serlo pero siéndolo, el principio de contradicción, que garantiza el principio de identidad, se desvanece, en un plano en que una cosa y su contraria ya no se excluyen : «no la reconocí al reconocerla, no comprendí al comprender» (p. 126).

El doble es pues más que estructural en estos relatos : es materia misma de la textualidad. El texto mismo, como materia, es entonces portador de lo fantástico.

El texto se desdobla entre el uno y su contrario, construyéndose así como una negación de su enunciado, como en «La barca o Nueva visita a Venecia», en que la narración de Dora va negando como «falso» el enunciado del narrador omnisciente, subvirtiéndolo progresivamente y alterando el significado de la trama[34]. Este planteamiento problemático de la materia textual atañe al tratamiento de las voces de la narración, quienes sufren un desdoblamiento estructural en la mayoría de los cuentos del volumen[35]. El personaje-narrador

---

[33]. Ésta es una pista de lectura que podemos proponer para un cuento como «Apocalipsis de Solentiname», o como «Las babas del diablo» (*Las armas secretas*), en que fotografiar la realidad supera la simple operación de registrarla, desentrañando en ella no una copia visual, sino una revelación de su sentido.

[34]. Véase un excelente estudio del cuento por Monique Lemaître, «Cortázar en busca de uno de sus personajes», *Revista Iberoamericana*, n° 102-103, Pittsburgh, 1978, p. 139-146.

[35]. «Vientos alisios», «Segunda vez», «Usted se tendió a tu lado», «La barca o Nueva visita a Venecia», «Reunión con un círculo rojo», «Las caras de la medalla». Para un estudio detallado sobre el desdoblamiento de las voces de la narración y su ocultamiento en «Segunda vez», «Usted se tendió a tu lado», y «Reunión con un círculo rojo», Cf. Eva Montoya, «Julio Cortázar : *Alguien que anda por ahí*», in Milagros Ezquerro y Eva Montoya, *Iniciación práctica al*

de «Las caras de la medalla» se desdobla, refiriéndose a sí mismo ya sea como una tercera persona del plural (Javier = él), ya sea como una primera persona del singular que jamás se enuncia como tal, oculta tras una primera persona del plural (nosotros = yo-Javier + ella-Mireille). Este hiato formal entre "él" y "yo" para referirse a un mismo personaje-narrador simboliza la barrera infranqueable que separa a los amantes, materia misma de la intriga del cuento. Pero inversamente, "nosotros" materializa la imposible unión amorosa de la pareja : el tema central del cuento, la oscilación entre unión y separación, el Jano Bifronte, está pues materializado por las voces de la narración, y problematizado en torno al sujeto de la escritura. En efecto, «Sólo uno de los dos escribe esto pero es lo mismo, es como si lo escribiéramos juntos» (p. 196) : el sujeto de la escritura es uno y doble a la vez, «escribimos [el texto] como una medalla es al mismo tiempo su anverso y su reverso que no se encontrarán jamás» (p. 196). Pero a su vez, este doble sujeto de la escritura es también el doble de otro, como lo sugiere el cuento :

> por delicadeza perdemos nuestra vida ; el poeta nos hubiera perdonado que habláramos también por nosotros (p. 201),

refiriéndose a Rimbaud[36]. Este indicio nos invita a recorrer el texto leyéndolo como un palimpsesto. Una escritura que es dos, que es tres, ¿ quizás (siempre) más ? La «doble cara de la medalla» sugiere la doble faz material del texto, como el recto y el verso de una hoja de papel : la pregunta "¿ quién escribe el texto ?" conlleva la pregunta "¿ dónde se escribe el texto ?". Quizás el lugar de la escritura esté precisamente *entre* el recto y el verso de un folio, *entre* «segunda vez» y «segunda vez», en ese "otro" lugar, el tercio excluido del doble, ahí donde la unión imposible es posible, pero en donde la identidad material de las palabras se desvanece, como en el mundo sin palabras de la música, o en el mundo de palabras intraducibles e ilegibles de las pesadillas.

Esta obra de madurez nos revela así que lo fantástico cortazariano va residiendo menos en los temas de los relatos, que en las técnicas narrativas que lo originan, convirtiendo la

---

análisis semiológico. *Narrativa Hispanoamericana contemporánea*, Université de Toulouse-Le Mirail, 1981, p. 15-33.
36. «Oisive jeunesse... À tout asservi, par délicatesse j'ai perdu ma vie» (Rimbaud).

problemática de lo fantástico en una problemática textual. Es este enfoque textual que Cortázar desarrollará en cuentos posteriores como «Queremos tanto a Glenda», o «Anillo de Moebius»[37], en que el cuento opera como un montaje en paralelo de dos textos destinados a fusionar en un anillo de Moebius sin fin ; o como en «Diario para un cuento», en que el narrador va construyendo el texto «renunciando a toda escritura mientras escrib[e]»[38]. Esta preocupación no lo abandonará incluso en textos de temas ideológicos como «Recortes de prensa»[39]. La instanciación de lo fantástico en la naturaleza polisémica de las palabras, y en la naturaleza conflictiva del texto como materia de escritura, constituye la originalidad de estos cuentos cortazarianos.

Catherine Bretillon

Université de Caen

---

[37]. Ambos relatos están incluidos en *Queremos tanto a Glenda* (1980).
[38]. Julio Cortázar, «Diario para un cuento», *Deshoras* [1982], in *Cuentos Completos /2, op. cit.*, p. 491.
[39]. *Queremos tanto a Glenda*.

SUMARIO

Prefacio
  Milagros Ezquerro 7
Notas sobre literatura fantástica rioplatense
  Mario Goloboff 9
Los caminos de *La Furia*
  Noemí Ulla 25
Apuntes para un derrumbe
  Blas Matamoro 37
La subversión de lo marginal en *La Furia*, de Silvina Ocampo
  Susana Martínez Robbio, Cristina Andrea Featherston 45
Deformaciones de lo real en los cuentos de Silvina Ocampo: del estereotipo a la inquietante extrañeza
  Mónica Zapata 61
L. M. y sus máscaras («La continuación»)
  Michèle Ramond 75
El traje arrugado
  Milagros Ezquerro 89
«Keif» ou les multiples réincarnations du texte
  Annick Mangin 101
Perspectiva diacrónica y función del relato fantástico en el Río de la Plata
  Raúl Silva-Cáceres 117
Lo fantástico y sus técnicas en *Alguien que anda por ahí*, de Julio Cortázar
  Catherine Bretillon 127

Dans la collection *Critiques Littéraires*
dirigée par Maguy Albet et Gérard da Silva

Dernières parutions :

COPIN Henri, *L'Indochine dans la littérature française des années 20 à 1954*, 1996.
CALLE-GRUBER Mireille, *Les partitions de Claude Ollier. Une écriture de l'altérité*, 1996.
MBANGUA Anatole, *Les procédés de création dans l'œuvre de Sonny Labou Tansi*, 1996.
SAINT-LEGER Marie-Paule, *Pierre Loti l'insaisissable*, 1996.
JOUANNY Robert, *Espaces littéraires d'Afrique et d'Amérique (t. 1)*, 1996.
JOUANNY Robert, *Espaces littéraires de France et d'Europe (t. 2)*, 1996.
LARONDE Michel, *L'Écriture décentrée. La langue de l'Autre dans le roman contemporain*, 1996
Collectif, *L'œuvre de Maryse Condé, A propos d'une écrivaine politiquement incorrecte*, 1996
BARTHÈLEMY Guy, *Fromentin et l'écriture du désert*, 1997.
COLLECTIF, *L'œuvre de Maryse Condé. A propos d'une écrivaine politiquement incorrecte*, 1997.
PLOUVIER Paule, VENTRESQUE Renée, BLACHÈRE Jean-Claude, *Trois poètes face à la crise de l'histoire*, 1997.
JOUANNY Robert, *Regards russes sur les littératures francophones*, 1997.

Collection *Écritures*

dirigée par Maguy Albet et Gérard da Silva

ZIANI Rabia, *Le secret de Marie*, 1995.
STARASELSKI Valère, *Le Hammam*, 1996.
DESHAIRES J.M., *L'Impromptu d'Alger*, 1996
GOURAIGE Guy, *Courage*, 1996.
GENOT Gérard, *La frontière des Beni Abdessalam*, 1996.
MUSNIK Georges, *Par-dessus mon épaule*, 1996.
BOCCARA Henri Michel, *Traversées*, 1996.
STARASELSKI Valère, *Dans la folie d'une colère très juste*, 1996.
ALATA J.-F., *Les Colonnes de feu*, 1996.
COISSARD Guy, *L'Héritier de Bissas Moïse Simba Kichwa Ngunuri*, 1996.
DUBREUIL Bertrand, *Pierre, fils de rien*, 1996.
GUEDJ Max, *Le cerveau argentin*, 1996.
AOUAD Maurice, *Dernier jour, dernier rois*, 1996.
BALLE Miguel, *L'éveil*, 1996.
BENSOUSSAN Albert, *Les eaux d'arrière-saison*, 1996.
GREVOZ Daniel, *Les vires à Balmat*, 1996.
BRUNE Elisa, *Fissures*, 1996.
LESIGNE Hubert, *Blues des métiers*, 1996.
KHERROUBI Maurice, *La fuite de Souad*, 1996.
LE HOUEROU Fabienne, *Les enlisés de la terre brûlée*, 1996.
RENOUX Jean-Claude, *La petite qui voulait voir les montagnes danser*, 1996.
BOURGUIGNAT Philippe, *Soleil moqueur*, 1996.
DUMONT Pierre, *Le Toubab*, 1996.
SHARGORODSKY Alexandre et Lev, *Nouvel an à Eïlat*, 1996.
PAILLER Jean, *Issa Ghalil*, 1996.
KELLER Henri, *Boubou*, 1997
BARAKAT Najwa, *La locataire du pot de fer*, 1997.
GIRIER Christian, *Qalame*, 1997.

Collection *"Espaces littéraires "*
dirigée par Maguy Albet et Gérard da Silva

Anne Henry, *Céline, écrivain*, 1994.

Catherine Masson, *L'autobiographie et ses aspects théâtraux, chez Michel Leiris*. 1995.

Valérie Staraselski, *Aragon, la liaison délibérée*, 1995.

Claude Fintz, *Expérience esthétique et spirituelle chez Henri Michaux*, 1996.

Jacques Taurand, *Michel Manoll ou l'envol de la lumière*, 1997.

Annick Louis, Jorge Luis Borges, *Oeuvres et manœuvres*, 1997.

Achevé d'imprimer en janvier 1997
sur les presses de la Nouvelle Imprimerie Laballery
58500 Clamecy